AF311783

NOUVEAU CHOIX

DE CANTIQUES,

A L'USAGE DES CATÉCHISMES.

PARIS. — IMPRIMERIE DE COSSON;

Rue Saint-Germain-des-Prés, n° 9.

NOUVEAU CHOIX

DE CANTIQUES

A L'USAGE

DU CATÉCHISME

DE LA PAROISSE DE SAINT-THOMAS D'AQUIN,

ET DE PLUSIEURS AUTRES PAROISSES.

PARIS.

POTEY, LIBRAIRE

DE MONSIEUR LE DAUPHIN,

RUE DU BAC, N° 46.

1828.

EXERCICES

DU CHRÉTIEN.

PRIÈRES DU MATIN.

Au nom du Père, etc.

Mettez-vous en la présence de Dieu, et adorez son saint nom.

TRÈS-SAINTE et très-auguste Trinité, Dieu seul en trois personnes, je crois que vous êtes ici présent ; je vous adore avec les sentimens de l'humilité la plus profonde, et vous rends de tout mon cœur les hommages qui sont dus à votre souveraine majesté.

Faites un acte de foi.

Mon Dieu, je crois fermement tout ce que la sainte Eglise catholique, apostolique et romaine, m'ordonne de croire, parce que c'est vous, ô vérité infaillible, qui le lui avez révélé.

Faites un acte d'espérance.

Mon Dieu, j'espère avec une ferme confiance que vous me donnerez, par les mérites de Jésus-Christ, votre grâce en ce monde, et, si j'observe vos commandemens, votre gloire dans l'autre, parce que vous

a

me l'avez promis, et que vous êtes souverainement fidèle dans vos promesses.

Faites un acte de charité.

Mon Dieu, je vous aime de tout mon cœur et par-dessus toutes choses, parce que vous êtes infiniment bon et infiniment aimable; et j'aime mon prochain comme moi-même pour l'amour de vous.

Remerciez Dieu des grâces qu'il vous a faites, et offrez-vous à lui.

Mon Dieu, je vous remercie très-humblement de toutes les grâces que vous m'avez faites jusqu'ici. C'est encore par un effet de votre bonté que je vois ce jour : je veux aussi l'employer uniquement à vous servir. Je vous en consacre toutes les pensées, les paroles, les actions et les peines. Bénissez-les, Seigneur, afin qu'il n'y en ait aucune qui ne soit animée de votre amour, et qui ne tende à votre plus grande gloire.

Formez la résolution d'éviter le péché et de pratiquer la vertu.

Adorable Jésus, divin modèle de la perfection à laquelle nous devons aspirer, je vais m'appliquer, autant que je pourrai, à me rendre semblable à vous, doux, humble, chaste, zélé, patient, charitable et résigné comme vous ; et je ferai particulièrement tous mes efforts pour ne pas retomber aujourd'hui dans les fautes que je commets si souvent, et dont je souhaite sincèrement de me corriger.

Demandez à Dieu les grâces qui vous sont nécessaires.

Mon Dieu, vous connoissez ma foiblesse : je ne puis rien sans le secours de votre grâce ; ne me la refusez pas, ô mon Dieu! proportionnez-la à mes besoins ; donnez-moi assez de force pour éviter tout le mal que vous défendez, pour pratiquer tout le bien que vous attendez de moi, et pour souffrir patiemment toutes les peines qu'il vous plaira de m'envoyer.

Pater noster, qui es in cœlis, sanctificetur nomen tuum ; adveniat regnum tuum ; fiat voluntas tua, sicut in cœlo et in terrà : panem nostrum quotidianum da nobis hodiè : et dimitte nobis debita nostra, sicut et nos dimittimus debitoribus nostris : et ne nos inducas in tentationem, sed libera nos à malo. Amen.

Ave, Maria, gratiâ plena ; Dominus tecum ; benedicta tu in mulieribus, et benedictus fructus ventris tui, Jesus. Sancta Maria, Mater Dei, ora pro nobis peccatoribus, nunc et in horá mortis nostræ. Amen.

Credo in Deum, Patrem omnipotentem, Creatorem cœli et terræ, et in Jesum Christum filium ejus unicum, Dominum nostrum ; qui conceptus est de spiritu sancto ; natus ex Mariâ Virgine ; passus sub Pontio Pilato : crucifixus, mortuus et sepultus ; descendit ad inferos, tertiâ die resurrexit à mortuis ; ascendit ad cœlos, sedet ad dexteram Dei Patris omnipotentis : indè venturus est judicare vivos et mortuos. Credo in Spiritum-Sanctum, sanctam Eclesiam catholicam, Sanctorum communionem, remissionem peccatorum, carnis resurrectionem, vitam æternam. Amen.

Confiteor Deo omnipotenti, beatæ Mariæ semper virgini, beato Michaeli archangelo, beato Joanni Baptistæ, sanctis apostolis Petro et Paulo, omnibus Sanctis, et tibi, Pater, quia peccavi nimis cogitatione, verbo et opere ; meâ culpâ, meâ culpâ, meâ maximâ culpâ. Ideo precor beatam Mariam semper virginem, beatum Michaelem archangelum, beatum Joannem Baptistam, sanctos apostolos Petrum et Paulum, omnes Sanctos, et te, Pater, orare pro me ad Dominum Deum nostrum.

Misereatur nostri omnipotens Deus, et dimissis peccatis nostris, perducat nos ad vitam æternam. Amen.

Indulgentiam, absolutionem et remissionem peccatorum nostrorum tribuat nobis omnipotens et misericors Dominus. Amen.

Invoquez la sainte Vierge, votre bon ange et votre saint patron.

Sainte Vierge, mère de Dieu, ma mère et ma patronne, je me mets sous votre protection, et je me jette avec confiance dans le sein de votre miséricorde. Soyez, ô mère de bonté, mon refuge dans mes besoins, ma consolation dans mes peines, et mon avocate auprès de votre adorable Fils, aujourd'hui, tous les jours de ma vie, et particulièrement à l'heure de ma mort.

Ange du ciel, mon fidèle et charitable guide, obtenez-moi d'être si docile à vos inspirations, et de régler si bien mes pas, que je ne m'écarte en rien de la voie des commandemens de mon Dieu.

Grand Saint dont j'ai l'honneur de porter le nom, protégez-moi, priez pour moi, afin que je puisse servir Dieu comme vous l'avez servi sur la terre, et le glorifier éternellement avec vous dans le ciel.

Ainsi soit-il.

LES COMMANDEMENS DE DIEU.

1. Un seul Dieu tu adoreras,
   Et aimeras parfaitement.
2. Dieu en vain tu ne jureras,
   Ni autre chose pareillement.
3. Les dimanches tu garderas,
   En servant Dieu dévotement.

4. Tes père et mère honoreras
   Afin de vivre longuement.
5. Homicide point ne seras,
   De fait ni volontairement.
6. Luxurieux point ne seras,
   De corps ni de consentement.
7. Le bien d'autrui tu ne prendras,
   Ni retiendras à ton escient.
8. Faux témoignage ne diras,
   Ni mentiras aucunement.
9. L'œuvre de chair ne désireras,
   Qu'en mariage seulement.
10. Biens d'autrui ne convoiteras,
    Pour les avoir injustement.

LES COMMANDEMENS DE L'EGLISE.

1. Les fêtes tu sanctifieras,
   Qui te sont de commandement.
2. Les dimanches la messe ouïras,
   Et les fêtes pareillement.
3. Tous tes péchés confesseras,
   A tout le moins une fois l'an.
4. Ton Créateur tu recevras,
   Au moins à Pâques humblement.
5. Quatre-Temps, Vigiles jeûneras,
   Et le Carême entièrement.
6. Vendredi chair ne mangeras,
   Ni le samedi mêmement.

LITANIES DU SAINT NOM DE JÉSUS.

Kyrie, eleison.	Seigneur, ayez pitié de nous.
Christe, eleison.	Christ, ayez pitié de n.
Kyrie, eleison.	Seigneur, ayez pitié de n.
Jesu, audi nos.	Jésus, écoutez-nous.
Jesu, exaudi nos.	Jésus, exaucez-nous.
Pater de cœlis, Deus, miserere nobis.	Père céleste, qui êtes Dieu, ayez pitié de n.
Fili, Redemptor mundi, Deus,	Fils, Rédempteur du monde, qui êtes Dieu,
Spiritus sancte, Deus,	Esprit-Saint, qui êtes Dieu,
Sancta Trinitas, unus Deus,	Trinité sainte, qui êtes un seul Dieu.
Jesu, Fili Dei vivi,	Jésus, fils du Dieu vivant,
Jesu, splendor Patris,	Jésus, splendeur du Père,
Jesu, candor lucis æternæ,	Jésus, pureté de la lumière éternelle,
Jesu, rex gloriæ,	Jésus, roi de gloire,
Jesu, sol justiciæ,	Jésus, soleil de justice.
Jesu Fili Mariæ Virginis,	Jésus, de la fils Vierge Marie,
Jesu amabilis,	Jésus aimable,
Jesu admirabilis,	Jésus admirable,
Jesu, Deus fortis,	Jésus, Dieu fort,
Jesu, pater futuri sæculi,	Jésus, père du siècle à venir,
Jesu, magni concilii angele,	Jésus, ange du grand conseil,
Jesu potentissime,	Jésus très-puissant,
Jesu patientissime,	Jésus très patient,
Jesu obedientissime,	Jésus très-obéissant,
Jesu mitis et humilis corde,	Jésus doux et humble de cœur,
Jesu, amator castitatis,	Jésus, amateur de la chasteté,

(colonne de gauche, en marge verticale :) Miserere nobis.

(colonne de droite, en marge verticale :) Ayez pitié de nous.

Jésus qui nous honorez de votre amour,	Jesu, amator noster,
Jésus, Dieu de paix,	Jesu, Deus pacis,
Jésus, auteur de la vie,	Jesu, auctor vitæ,
Jésus, exemplaire des vertus,	Jesu, exemplar virtutum,
Jésus, zélateur des âmes,	Jesu, zelator animarum,
Jésus, notre Dieu,	Jesu, Deus noster,
Jésus, notre refuge,	Jesu, refugium nostrum,
Jésus, père des pauvres,	Jesu, pater pauperum,
Jésus, trésor des fidèles,	Jesu, thesaurus fidelium,
Jésus, bon pasteur,	Jesu, bone pastor,
Jésus, vraie lumière,	Jesu, lux vera,
Jésus, sagesse éternelle,	Jesu, sapientia æterna,
Jésus, bonté infinie,	Jesu, bonitas infinita,
Jésus, notre voie et notre vie,	Jesu, via et vita nostra,
Jésus, joie des Anges,	Jesu, gaudium angelorum,
Jésus, roi des Patriarches,	Jesu, rex Patriarcharum,
Jésus, maître des Apôtres,	Jesu, magister Apostolorum,
Jésus, docteur des Evangélistes,	Jesu, doctor Evangelistarum,
Jésus, force des Martyrs,	Jesu, fortitudo Martyrum;
Jésus, la lumière des Confesseurs,	Jesu, lumen Confessorum,
Jésus, la pureté des Vierges,	Jesu, puritas Virginum,
Jésus, couronne de tous les Saints,	Jesu, corona sanctorum omnium,
Soyez-nous propice, Jésus, pardonnez-nous.	Propitius esto, parce nobis, Jesu.
Soyez-nous propice, Jésus exaucez nos prières.	Propitius esto, exaudi nos Jesu.
De tout péché, délivrez-nous Jésus.	Ab omni peccato, libera nos Jesu.

Ayez pitié de nous. — Miserere nobis.

Ab irâ tuâ,	De votre colère,
Ab insidiis diaboli,	Des embûches du démon,
A spiritu fornicationis,	De l'esprit de fornication,
A morte perpetuâ,	De la mort éternelle,
A neglectu inspirationum tuarum,	Du mépris de vos divines inspirations,
Per mysterium sanctæ incarnationis tuæ,	Par le mystère de votre sainte incarnation,
Per navitatem tuam,	Par votre naissance,
Per infantiam tuam,	Par votre enfance,
Per divinissimam vitam tuam,	Par votre vie toute divine,
Per labores tuos,	Par vos travaux,
Per agoniam et passionem tuam,	Par votre agonie et par votre passion,
Per crucem et derelictionem tuam,	Par votre croix et par votre abandonnement,
Per langores tuos,	Par vos souffrances,
Per mortem et sepulturam tuam,	Par votre mort et par votre sépulture,
Per resurrectionem tuam,	Par votre résurrection,
Per ascensionem tuam,	Par votre ascension,
Per gaudia tua,	Par vos joies,
Per gloriam tuam,	Par votre gloire,

Libera nos, Jésu. — _Délivrez-nous, Jésus._

Agnus Dei, qui tollis peccata mundi, parce nobis, Jesu.	Agneau de Dieu, qui effacez les péchés du monde, pardonnez-nous, Jésus.
Agnus Dei, qui tollis peccata mundi, exaudi nos, Jesu.	Agneau de Dieu, qui effacez les péchés du monde, exaucez-nous, Jésus.
Agnus Dei, qui tollis peccata mundi, miserere nobis, Jesu.	Agneau de Dieu, qui effacez les péchés du monde, faites-nous miséricorde, Jésus.
Jesu, audi nos,	Jésus, écoutez-nous,
Jesu, exaudi nos.	Jésus, exaucez-nous.

PRIONS.

Seigneur J.-C., qui avez dit : Demandez, et vous recevrez ; cherchez et vous trouverez ; frappez, et il vous sera ouvert : nous vous supplions d'allumer en nous le feu de votre amour, afin que nous vous servions de tout notre cœur et que jamais nous ne cessions de vous louer : vous qui vivez et régnez dans les siècles des siècles. Ainsi soit-il.

OREMUS.

Domine Jesu-Christe, qui dixisti : petite et accipietis ; quærite, et invenietis ; pulsate, et aperietur vobis : quæsumus, da nobis petentibus divinissimi tui amoris affectum, ut te toto corde, ore et opere diligamus, et à tuâ nunquàm laude cessemus : qui vivis et regnas in sæcula sæculorum. Amen.

Prières pour l'Angelus.

L'ange du Seigneur a annoncé à Marie, et elle a conçu du Saint-Esprit, Je vous salue, Marie, etc.

Voici la servante du Seigneur : qu'il me soit fait selon votre parole. Je vous salue, Marie, etc.

Et le Verbe s'est fait chair, et il a demeuré parmi nous. Je vous salue, Marie, etc.

Angelus Domini nuntiavit Mariæ, et concepit de Spiritu sancto. Ave, etc.

Ecce ancilla Domini : fiat mihi secundùm verbum tuum. Ave, etc.

Et Verbum caro factum est, et habitavit in nobis. Ave, Maria, etc.

PRIONS.

Seigneur, nous vous supplions de répandre votre grâce dans nos âmes, afin qu'ayant connu, par le ministère de l'ange, l'incarnation de votre Fils, nous

OREMUS.

Gratiam tuam, quæsumus, Domine, mentibus nostris infunde; ut qui, angelo nuntiante, Christi Filii tui incarnationem cognovimus,

per passionem ejus et crucem ad resurrectionis gloriam perducamur; per eumdem Christum Dominum nostrum.	soyons conduits par sa croix et par sa mort à la gloire de sa résurrection : nous vous en prions par le même Jésus-Christ.
℞. Amen.	℞. Ainsi soit-il.

PRIÈRES DU SOIR.

Au nom du Père, etc.

Mettez-vous en la présence de Dieu, et adorez-le.

Je vous adore, ô mon Dieu ! avec la soumission que m'inspire la présence de votre souveraine grandeur. Je crois en vous, parce que vous êtes la vérité même. J'espère en vous, parce que vous êtes infiniment bon. Je vous aime de tout mon cœur, parce que vous êtes souverainement aimable ; et j'aime mon prochain comme moi-même pour l'amour de vous.

Remerciez Dieu des grâces qu'il vous a faites.

Quelles actions de grâces vous rendrai-je, ô mon Dieu ! pour tous les biens que j'ai reçus de vous. Vous avez songé à moi de toute éternité ; vous m'avez tiré du néant ; vous avez donné votre vie pour me racheter; et vous me comblez encore tous les jours d'une infinité de faveurs. Hélas ! Seigneur, que puis-je faire en reconnoissance de tant de bontés ? Joignez-vous à moi, esprits bienheureux, pour louer le Dieu des miséricordes, qui ne cesse de faire du bien à la plus indigne et la plus ingrate des créatures.

Demandez à Dieu de connoître vos péchés.

Source éternelle de lumière, Esprit saint, dissipez les ténèbres qui me cachent la laideur et la malice du péché. Faites-m'en concevoir une si grande horreur, ô mon Dieu ! que je le haïsse, s'il se peut, autant que vous le haïssez vous-même, et que je ne craigne rien tant que de le commettre à l'avenir.

Examinez-vous sur le mal commis, envers Dieu : *Omission ou négligence de vos devoirs de piété, irrévérence à l'église, distractions volontaires dans vos prières, défaut d'attention, résistance à la grâce, juremens, murmures, manque de confiance et de résignation.*

Envers le prochain : *Jugemens téméraires, mépris, haine, jalousie, désirs de vengeances, querelles, emportemens, imprécations, injures, médisances, railleries, faux rapports, dommages aux biens ou à la réputation, mauvais exemples, scandales, manque de respect, d'obéissance, de charité, de zèle, de fidélité.*

Envers vous-mêmes : *Vanité, respect humain, mensonges, pensées, désirs, discours et actions contraires à la pureté ; intempérance, colère, impatience, vie inutile et sensuelle, paresse à remplir les devoirs de votre état.*

Me voici, Seigneur, tout couvert de confusion, et pénétré de douleur à la vue de mes fautes. Je viens les détester devant vous avec un vrai déplaisir d'avoir offensé un Dieu si bon, si aimable et si digne d'être aimé. Était-ce donc là, ô mon Dieu ! ce que vous deviez attendre de ma reconnoissance, après m'avoir aimé jusqu'à répandre votre sang pour moi ? Oui, Seigneur, j'ai poussé trop loin ma malice et mon ingratitude. Je vous en demande très-humblement pardon, et je vous conjure, ô mon Dieu ! par cette même bonté dont j'ai ressenti tant de fois les effets, de m'accorder la grâce d'en faire dès aujourd'hui, et jusqu'à la mort, une sincère pénitence.

Faites un ferme propos de ne plus pécher.

QUE je souhaiterois, ô mon Dieu, ne vous avoir jamais offensé! Mais puisque j'ai été assez malheureux que de vous déplaire, je vais vous marquer la douleur que j'en ai par une conduite tout opposée à celle que j'ai gardée jusqu'ici. Je renonce dès à présent au péché et à l'occasion du péché, surtout de celui où j'ai la foiblesse de retomber si souvent. Et si vous daignez m'accorder votre grâce, ainsi que je la demande et que je l'espère, je tâcherai de remplir fidèlement mes devoirs, et rien ne sera capable de m'arrêter quand il s'agira de vous servir. Ainsi soit-il.

NOTRE PÈRE qui êtes aux cieux, que votre nom soit sanctifié, que votre règne nous arrive, que votre volonté soit faite en la terre comme au ciel. Donnez-nous aujourd'hui notre pain quotidien, et nous pardonnez nos offenses comme nous pardonnons à ceux qui nous ont offensés : et ne nous induisez point en tentation, mais délivrez-nous du mal. Ainsi soit-il.

JE vous salue, Marie, pleine de grâce, le Seigneur est avec vous, vous êtes bénie entre toutes les femmes, et Jésus, le fruit de vos entrailles, est béni. Sainte Marie, mère de Dieu, priez pour nous, pauvres pécheurs, maintenant et à l'heure de notre mort. Ainsi soit-il.

JE crois en Dieu le Père tout-puissant, créateur du ciel et de la terre ; et en Jésus-Christ, son Fils unique, notre Seigneur ; qui a été conçu du Saint-Esprit, qui est né de la Vierge Marie, qui a souffert sous Ponce Pilate, qui a été crucifié, qui est mort, et qui a été enseveli ; qui est descendu aux enfers, et le troisième jour est ressuscité des morts, qui est monté aux cieux, qui est assis à la droite de Dieu le Père tout-puissant, et qui de là viendra juger les vivans et les morts. Je crois au Saint-Esprit, la sainte Eglise catholique, la communion des Saints, la rémission des péchés, la résurrection de la chair, la vie éternelle. Ainsi soit-il.

Je me confesse à Dieu tout-puissant, à la bienheureuse Marie, toujours vierge, à saint Michel archange, à saint Jean-Baptiste, aux saints apôtres Pierre et Paul, à tous les Saints, et à vous, mon Père, de tous les péchés que j'ai commis en pensées, paroles et œuvres : par ma faute, par ma propre faute, par ma très-grande faute : c'est pourquoi je prie la bienheureuse Marie toujours vierge, saint Michel archange, saint Jean-Baptiste, les saints apôtres Pierre et Paul, et tous les Saints, et vous, mon Père, de prier pour moi le Seigneur notre Dieu.

Que le Dieu tout-puissant nous fasse miséricorde, qu'il nous pardonne nos péchés, et nous conduise à la vie éternelle. Ainsi soit-il.

Que le Seigneur tout-puissant et miséricordieux nous donne indulgence, absolution et rémission de tous nos péchés. Ainsi soit-il.

Recommandez-vous à Dieu, à la sainte Vierge et aux Saints.

Bénissez, ô mon Dieu ! le repos que je vais prendre pour réparer mes forces, afin de vous mieux servir. Vierge sainte, mère de mon Dieu, et après lui mon unique espérance ; mon bon ange, mon saint patron, intercédez pour moi, protégez-moi pendant cette nuit, tout le temps de ma vie, et à l'heure de ma mort. Ainsi soit-il.

Priez pour les vivans et les fidèles trépassés.

Répandez, Seigneur, vos bénédictions sur mes parens, mes bienfaiteurs, mes amis et mes ennemis. Protégez tous ceux que vous m'avez donnés pour maîtres, tant spirituels que temporels. Secourez les pauvres, les prisonniers, les affligés, les voyageurs, les malades et les agonisans. Convertissez les hérétiques, et éclairez les infidèles.

Dieu de bonté et de miséricorde, ayez aussi pitié des âmes des infidèles qui sont dans le purgatoire : mettez fin à leurs peines, et donnez à celles pour lesquelles je suis obligé de prier, le repos et la lumière éternelle. Ainsi soit-il.

LITANIES DE LA SAINTE VIERGE.

Kyrie, eleison.	Seigneur, ayez pitié de nous.
Christe, eleison.	Jésus-Christ, ayez pitié de nous.
Kyrie, eleison.	Seigneur, ayez pitié de nous.
Christe, audi nos.	Jésus-Christ, écoutez-nous.
Christe, exaudi nos.	Jésus-Christ, exaucez-nous.
Pater de cœlis, Deus, miserere nobis.	Père céleste, qui êtes Dieu, ayez pitié de nous.
Fili, redemptor mundi, Deus, miserere nobis.	Fils, Rédempteur du monde, qui êtes Dieu, ayez pitié de nous.
Spiritus sancte, Deus, miserere nobis.	Esprit saint, qui êtes Dieu, ayez pitié de nous.
Sancta Trinitas, unus Deus, miserere nobis.	Sainte Trinité, qui êtes un seul Dieu, ayez pitié de n.
Sancta Maria, ora pro nobis.	Sainte Marie, priez pour nous.
Sancta Dei genitrix, ora pro nobis.	Sainte mère de Dieu, priez nous.
Sancta Virgo virginum,	Sainte Vierge des vierges,
Mater Christi,	Mère de Jésus-Christ,
Mater divinæ gratiæ,	Mère de l'auteur de la grâce,
Mater purissima,	Mère très-pure,
Mater castissima,	Mère très-chaste,

Français (Priez pour nous.)	Latin (Ora pro nobis.)
Mère toujours vierge,	Mater inviolata,
Mère sans tache,	Mater intemerata,
Mère aimable,	Mater amabilis,
Mère admirable,	Mater admirabilis,
Mère du Créateur,	Mater Creatoris,
Mère du Sauveur,	Mater Salvatoris,
Vierge très-prudente,	Virgo prudentissima,
Vierge vénérable,	Virgo veneranda,
Vierge digne de louange,	Virgo predicanda,
Vierge puissante auprès de Dieu,	Virgo potens,
Vierge pleine de bonté,	Virgo clemens,
Vierge fidèle,	Virgo fidelis,
Miroir de justice,	Speculum justiciæ,
Temple de la sagesse éternelle,	Sedes sapientiæ,
Mère de celui qui fait toute notre joie,	Causa nostræ lætitiæ,
Vaisseau spirituel,	Vas spirituale,
Vaisseau honorable,	Vas honorabile,
Vaisseau en signe de la dévotion,	Vas insigne devotionis,
Rose mystérieuse	Rosa mystica,
Tour de David,	Turris Davidica,
Tour d'Ivoire,	Turris eburnea,
Maison dorée,	Domus aurea,
Arche d'alliance,	Fœderis arca,
Porte du ciel,	Janua cœli,
Voile du matin,	Stella matutina,
Ressource des infirmes,	Salus infirmorum,
Refuge des pécheurs,	Refugium peccatorum,
Consolatrice des affligés,	Consolatrix afflictorum,
Secours des chrétiens,	Auxilium christianorum,
Reine des Anges,	Regina Angelorum,
Reine des Patriarches,	Regina Patriarcharum,
Reine des Prophètes,	Regina Prophetarum,
Reine des Apôtres,	Regina Apostolorum,
Reine des Martyrs,	Regina Martyrum,
Reine des Confesseurs,	Regina Confessorum,

Regina Virginum,	Reine des Vierges.
Regina Sanctorum omnium.	Reine de tous les Saints.
Agnus Dei, qui tollis peccata mundi, parce nobis, Domine.	Agneau de Dieu, qui effacez les péchés du monde, pardonnez-nous Seigneur.
Agnus Dei, qui tollis peccata mundi, exaudi nos, Domine.	Agneau de Dieu, qui effacez les péchés du monde, exaucez-nous, Seigneur.
Agnus Dei, qui tollis peccata mundi, miserere nobis.	Agneau de Dieu, qui effacez les péchés du monde, ayez pitié de nous.
Christe, audi nos.	Jésus, écoutez-nous.
Christe, exaudi nos.	Jésus, exaucez-nous.
v. Ora pro nobis, sancta Dei genitr x.	v. Priez pour nous, sainte mère de Dieu.
r. Ut digni efficiamur promissionibus Christi.	r. Afin que nous devenions dignes de recevoir l'effet des promesses de Jésus-Christ.

ORAISON.

Nous vous supplions, Seigneur, de visiter cette demeure, et d'en éloigner toutes sortes d'embûches de l'ennemi : que vos saints anges y habitent, afin de nous conserver en paix, et que votre bénédiction soit toujours sur nous. Par notre Seigneur Jésus-Christ. Ainsi soit-il.

Prière à tous les Saints.

Ames très-heureuses, qui avez eu la grâce de parvenir à la gloire, obtenez-moi deux choses de celui qui est notre commun Dieu et père ; que je ne l'offense jamais mortellement, et qu'il ôte de moi tout ce qui lui déplaît. Ainsi soit-il.

PRIÈRES

DURANT LA SAINTE MESSE.

Prière pour se disposer à la bien entendre.

Je me présente, ô mon adorable Sauveur ! devant les saints autels, pour assister à votre divin sacrifice. Daignez, ô mon Dieu ! m'en appliquer tout le fruit que vous souhaitez que j'en retire, et suppléez aux dispositions qui me manquent.

Disposez mon cœur aux doux effets de votre bonté, fixez mes sens, réglez mon esprit, purifiez mon âme, effacez par votre sang tous les péchés dont vous voyez que je suis coupable : oubliez-les tous, ô Dieu des miséricordes ! je les déteste pour l'amour de vous, je vous en demande très-humblement pardon, pardonnant moi-même de bon cœur à tous ceux qui auroient pu m'offenser. Faites, ô mon doux Jésus ! qu'unissant mes intentions aux vôtres, je me sacrifie tout à vous, comme vous vous sacrifiez entièrement pour moi. Ainsi soit-il.

COMMENCEMENT DE LA MESSE.

Au nom du Père, etc.

C'est en votre nom, adorable Trinité, c'est pour vous rendre l'honneur et les hommages qui vous sont dus, que j'assiste au très-saint et très-auguste sacrifice.

Permettez-moi, divin Sauveur, de m'unir d'intention au ministre de vos autels pour offrir la précieuse victime de mon salut, et donnez-moi les sentimens que j'aurois dû avoir sur le Calvaire, si j'avois assisté au sacrifice sanglant de votre passion.

CONFITEOR.

Repassez dans l'amertume de votre cœur les péchés que vous avez commis. Rappelez en gros et confusément ceux qui vous humilient davantage. Exposez à Dieu vos foiblesses : priez-le qu'il vous les pardonne : et que l'abîme de vos misères attire sur vous, en ce sacrifice, l'abîme de ses miséricordes.

JE m'accuse devant vous, ô mon Dieu! de tous les péchés dont je suis coupable. Je m'en accuse en présence de Marie, la plus pure de toutes les vierges, de tous les saints, et de tous les fidèles ; parce que j'ai péché en pensées, en paroles, en actions, en omissions, par ma faute, oui, par ma faute, et ma très-grande faute. C'est pourquoi je conjure la très-sainte Vierge et tous les Saints de vouloir intercéder pour moi.

KYRIE, ELEISON.

Entretenez-vous dans un doux sentiment de confiance en la bonté de Dieu, qui, vous permettant d'employer un moyen aussi efficace que celui-ci, pour lui demander la grâce de votre réconciliation, vous donne en même temps un gage assuré que vous pourrez l'obtenir.

DIVIN créateur de nos âmes, ayez pitié de l'ouvrage de vos mains : Père miséricordieux, faites miséricorde à vos enfans.

Auteur de notre salut, immolé pour nous, appliquez-nous les mérites de votre mort et de votre précieux sang.

Aimable Sauveur, doux Jésus, ayez compassion de nos misères, pardonnez-nous nos péchés.

GLORIA IN EXCELSIS.

Concevez un grand désir de procurer à Dieu toute la gloire, et au prochain tout le bien que vous pourrez. Réjouissez-vous avec les anges de la part que vous avez à la connoissance des saints mystères. Remplissez-vous des hautes et magnifiques idées de la majesté de Dieu et de Jésus-Christ son fils.

. Gloire à Dieu dans le ciel, et paix aux hommes de bonne volonté sur la terre. Nous vous louons, Seigneur, nous vous bénissons, nous vous adorons, nous vous glorifions, nous vous rendons de très-humbles actions de grâces dans la vue de votre grande gloire, vous qui êtes le Seigneur, le souverain Monarque, le Très-Haut, le seul vrai Dieu, le Père tout-puissant.

Adorable Jésus, Fils unique du Père, Dieu et Seigneur de toutes choses, Agneau envoyé de Dieu pour effacer les péchés du monde, ayez pitié de nous, et du haut du ciel où vous régnez avec votre Père, jetez un regard de compassion sur nous. Sauvez-nous, vous êtes le seul qui le puissiez, Seigneur Jésus, parce que vous êtes le seul infiniment saint, infiniment puissant, infiniment admirable, avec le Saint-Esprit dans la gloire du Père. Ainsi-soit-il.

ORAISON.

ACCORDEZ-NOUS, Seigneur, par l'intercession de la sainte Vierge et des saints que nous honorons, toutes les grâces que votre ministre vous demande pour lui et pour nous. M'unissant à lui, je vous fais la même prière, pour ceux et celles pour lesquelles je suis obligé de prier, et je vous demande, Seigneur, pour eux et pour moi, tous les secours que vous savez nous être nécessaires, afin d'obtenir la vie éternelle ; au nom de .-C.-N.-S. Ainsi soit-il.

ÉPITRE.

Transportez-vous en esprit au temps des patriarch
et des prophètes, qui n'aspiroient qu'après le Messi
Entrez dans leurs empressemens. Formez leurs désir
prenez les sentimens qu'ils eurent alors : vous attend
le même Sauveur, et, plus heureux qu'eux, vous
voyez.

Mon Dieu, vous m'avez appelé à la connoissance
votre sainte loi, préférablement à tant de peuples q
vivent dans l'ignorance de vos mystères. Je l'accep
de tout mon cœur cette divine loi, et j'écoute avec r
pect les sacrés oracles que vous avez prononcés par
bouche de vos prophètes : je les révère avec toute
soumission qui est due à la parole d'un Dieu, j'en v
l'accomplissement avec toute la joie de mon âme.

Que n'ai-je pour vous, ô mon Dieu ! un cœur se
blable à celui des saints de votre ancien Testamen
Que ne puis-je vous désirer avec l'ardeur des patriarch
vous connoître et vous révérer comme les prophète
vous aimer et m'attacher uniquement à vous comm
les apôtres !

ÉVANGILE.

Regardez l'évangile que vous allez entendre comr
la règle de votre foi et de vos mœurs; règle que Jés
Christ lui-même vous a adressée, et que vous avez p
mis de suivre par les engagemens du baptème ; règ
que vous observez mal, et sur laquelle vous serez ju
sans adoucissement et sans appel.

Ce ne sont plus, ô mon Dieu ! les prophètes ni
apôtres qui vont m'instruire de mes devoirs : c'est vo
Fils unique, c'est sa parole que je vais entendre. Ma
hélas ! que me servira d'avoir cru que c'est votre p
role ? Seigneur, Jésus, si je n'agis pas conformémen
ma croyance, que me servira, lorsque je paroîtrai
vant vous, d'avoir eu la foi sans le mérite de la ch
rité des bonnes œuvres ?

Je crois, et je vis comme si je ne croyois pas, ou comme si je croyois un évangile contraire au vôtre. Ne me jugez pas, ô mon Dieu ! sur cette opposition perpétuelle que je mets entre vos maximes et ma conduite. Je crois, mais inspirez-moi le courage et la force de pratiquer ce que je crois. A vous, Seigneur, en reviendra toute la gloire.

CREDO.

Affermissez ici votre foi. Tout ce que l'évangile vous propose à croire est fondé sur la parole de Dieu, annoncée par les prophètes, révélée dans les écritures, éclarée par les miracles, vérifiée par l'établissement de la foi, confirmée par les martyrs, et rendue sensible par la sainteté de notre religion, et par le solide contentement de ceux qui la professent avec fidélité.

Je crois en un seul Dieu, Père tout-puissant, qui a créé le ciel et la terre, les choses visibles et les invisibles ; et en un Seigneur J.-C., fils unique de Dieu, né de Dieu son Père avant tous les siècles : Dieu de Dieu, lumière de lumière, vrai Dieu du vrai Dieu, engendré et non créé, consubstantiel à son Père, et par qui tout a été fait : qui est descendu du ciel pour l'amour de nous et de notre salut : qui s'est incarné par l'opération du Saint-Esprit, dans le sein de la Vierge Marie, et qui s'est fait homme. Je crois aussi que Jésus-Christ a été crucifié pour l'amour de nous sous Ponce Pilate, qu'il a souffert la mort, et qu'il a été enseveli ; qu'il est ressuscité le troisième jour, suivant les Ecritures ; qu'il est monté au ciel, et qu'il y est assis à la droite de son Père ; qu'il viendra encore une fois sur la terre, avec gloire, pour juger les vivans et les morts ; et que son règne n'aura point de fin.

Je crois au Saint-Esprit, Seigneur et vivifiant, qui procède du Père et du Fils, qui est adoré et glorifié avec le Père et le Fils, et qui a parlé par les prophètes. Je crois que l'Eglise est une, sainte, catholique et apos-

tolique. Je confesse qu'il y a un baptême pour la rémission des péchés; et j'attends la résurrection des
morts, et la vie du siècle à venir. Ainsi soit-il.

OFFERTOIRE.

*Songez au bonheur inconcevable que vous avez de
trouver dans ce sacrifice de quoi honorer parfaitemen
Dieu, le remercier d'une manière qui égale ses dons
effacer entièrement vos péchés, et obtenir, tant pour
vous que pour les autres, toutes les grâces dont vou.
avez besoin, et mettez à profit tous les précieux mo
mens de cet inestimable bonheur.*

PÈRE infiniment saint, Dieu tout-puissant et éternel, quelque indigne que je sois de paroître devan
vous, j'ose vous présenter cette hostie par les mains du
prêtre, avec l'intention qu'a eue J.-C. mon Sauveur
lorsqu'il institua ce Sacrifice, et qu'il a encore au moment qu'il s'immole ici pour moi.

Je vous l'offre pour reconnoître votre souverain do
maine sur moi et sur toutes les créatures. Je vou:
l'offre pour l'expiation de mes péchés, et en action de
grâces de tous les bienfaits dont vous m'avez comblé.

Je vous l'offre enfin, mon Dieu, cet auguste sacrifice, afin d'obtenir de votre infinie bonté, pour moi
pour mes parens, pour mes bienfaiteurs, mes amis e
mes ennemis, ces grâces précieuses du salut, qui ne
peuvent être accordées à un pécheur qu'en vue de
mérites de celui qui est le juste par excellence, et qu
s'est fait victime de propitiation pour tous.

Mais en vous offrant cette adorable victime, je vou:
recommande, ô mon Dieu! toute l'Église catholique,
N. S. P. le Pape, notre évêque, tous les pasteurs de
âmes, notre roi, les princes chrétiens, et tous le
peuples qui croient en vous.

Souvenez-vous aussi, Seigneur, des fidèles trépassés; et en considération des mérites de votre Fils,
donnez-leur un lieu de rafraîchissement, de lumière
et de paix.

N'oubliez pas, mon Dieu, vos ennemis et les miens : ayez pitié de tous les infidèles, des hérétiques, et de tous les pécheurs. Comblez de bénédictions ceux qui me persécutent, et me pardonnez mes péchés, comme je leur pardonne tout le mal qu'ils me font, ou qu'ils voudroient me faire. Ainsi soit-il.

PRÉFACE.

Elevez-vous en esprit dans le ciel jusqu'au pied du trône de la divinité. Là, pénétré d'une sainte et respectueuse crainte à la vue de cette éclatante majesté, rendez-lui vos hommages, et mêlez vos louanges aux célestes cantiques des anges et des chérubins qui l'environnent.

Voici l'heureux moment où le roi des anges et des hommes va paroître. Seigneur, remplissez-moi de votre esprit ; que mon cœur, dégagé de la terre, ne pense qu'à vous. Quelle obligation n'ai-je pas de vous bénir et de vous louer en tout temps et en tout lieu, Dieu du ciel et de la terre, maître infiniment grand, Père tout-puissant et éternel !

Rien n'est plus juste, rien n'est plus avantageux que de nous unir à Jésus-Christ pour vous adorer continuellement. C'est par lui que tous les esprits bienheureux rendent leurs hommages à votre majesté : c'est par lui que toutes les vertus du ciel, saisies d'une frayeur respectueuse, s'unissent pour vous glorifier. Souffrez, Seigneur, que nous joignions nos foibles louanges à celles de ces saintes intelligences, et que, de concert avec elles, nous disions dans un transport de joie et d'admiration :

SANCTUS.

SAINT, saint, saint, est le Seigneur, le Dieu des armées. Tout l'univers est rempli de sa gloire. Que les bienheureux le bénissent dans le ciel. Béni soit celui qui nous vient sur la terre, Dieu et Seigneur comme celui qui l'envoie.

LE CANON.

Représentez-vous ici l'autel sur lequel Jésus-Christ va se rendre comme sur le trône de sa miséricorde, où vous avez droit de vous présenter pour exposer tous vos besoins, pour demander et pour obtenir. Dieu, qui nous donne son propre fils, peut-il nous refuser quelque chose ?

Nous vous conjurons, au nom de Jésus-Christ votre Fils et notre Seigneur, ô Père infiniment miséricordieux! d'avoir pour agréable et de bénir l'offrande que nous vous présentons, afin qu'il vous plaise de conserver, de défendre et de gouverner votre sainte Eglise catholique, avec tous les membres qui la composent notre Pape, notre évêque, et généralement tous ceux qui font profession de votre sainte foi.

Nous vous recommandons en particulier, Seigneur, ceux pour qui la justice, la reconnoissance et la charité nous obligent de prier ; tous ceux qui sont présens à cet adorable sacrifice, et singulièrement N. et N. Et afin, grand Dieu, que nos hommages vous soient plus agréables, nous nous unissons à la glorieuse Marie, toujours vierge, mère de notre Dieu et Seigneur Jésus-Christ, à tous vos apôtres, et à tous les bienheureux martyrs, et à tous les saints qui composent avec nous une même Eglise.

Que n'ai je en ce moment, ô mon Dieu ! les désirs enflammés avec lesquels les saints patriarches souhaitoient la venue du Messie ! Que n'ai-je leur foi et leur amour ! Venez, Seigneur Jésus, venez, aimable réparateur du monde, venez accomplir un mystère qui est l'abrégé de toutes vos merveilles. Il vient, cet agneau de Dieu, voici l'adorable victime par qui tous les péchés du monde sont effacés.

ÉLÉVATION.

*Voilà votre Dieu, votre Sauveur et votre juge.
Soyez quelque temps dans le silence, comme sais-*

d'admiration à la vue de ce qui se passe sur l'autel. Rappelez toute votre ferveur, et livrez-vous à tous les sentimens que le respect, la confiance et la crainte sont capables d'inspirer.

VERBE incarné, divin Jésus, vrai Dieu et vrai homme, je crois que vous êtes ici présent, je vous y adore avec humilité, je vous aime de tout mon cœur, et comme vous y venez pour l'amour de moi, je me consacre entièrement à vous.

J'adore ce sang précieux que vous avez répandu pour tous les hommes, et j'espère, ô mon Dieu ! que vous ne l'aurez pas versé inutilement pour moi. Faites-moi la grâce de m'en appliquer les mérites. Je vous offre le mien, aimable Jésus, en reconnoissance de cette charité infinie que vous avez eue de donner le vôtre pour l'amour de moi.

SUITE DU CANON.

Contemplez affectueusement votre Sauveur sur l'autel. Méditez les mystères qu'il y renouvelle. Unissez le sacrifice de votre cœur à celui de son corps. Offrez-le à Dieu son père, suppliez-le d'accepter les prières que ce cher Fils lui fait pour vous, et priez vous-même pour les autres.

QUELLE seroit donc désormais ma malice et mon ingratitude, si, après avoir vu ce que je vois, je consentois à vous offenser ! Non, mon Dieu, je n'oublierai jamais ce que vous me représentez par cette auguste cérémonie : les souffrances de votre passion, la gloire de votre résurrection : votre corps tout déchiré, votre sang répandu pour nous, réellement présent à mes yeux sur cet autel.

C'est maintenant, éternelle majesté, que nous vous offrons de votre grâce véritablement et proprement la victime pure, sainte et sans tache qu'il vous a plu nous donner vous-même, et dont toutes les autres n'étoient que la figure. Oui, grand Dieu ! nous osons vous le dire, il y a ici plus que tous les sacrifices

d'Abel, d'Abraham et de Melchisédech; la seule
victime digne de votre autel, notre Seigneur Jésus-
Christ, votre Fils, l'unique objet de vos éternelles
complaisances.

Que tous ceux qui participent ici de la bouche ou
du cœur à cette sacrée victime soient remplis de sa
bénédiction !

Que cette bénédiction se répande, ô mon Dieu
sur les âmes des fidèles qui sont morts dans la paix de
l'Eglise, et particulièrement sur l'âme de N. et de N.
Accordez-leur, Seigneur, en vue de ce sacrifice, la
délivrance entière de leurs peines.

Daignez nous accorder aussi un jour cette grâce à
nous-mêmes, Père infiniment bon, et faites-nous entrer en société avec les saints apôtres, les saints martyrs et tous les saints, afin que nous puissions vous
aimer et vous glorifier éternellement avec eux. Ainsi
soit-il.

PATER NOSTER.

Nous voici avec Jésus sur un nouveau Calvaire.
Tenons-nous au pied de sa croix avec une tendre
compassion, comme Magdeleine; avec un amour
fidèle, comme saint Jean; avec espérance de le voir
un jour dans sa gloire, comme les autres disciples.
Regardons-le quelquefois de loin, et pleurons nos pé-
chés avec saint Pierre.

Que je suis heureux, ô mon Dieu ! de vous avoir
pour père ! Que j'ai de joie de songer que le ciel où
vous êtes doit être un jour ma demeure ! Que votre
saint nom soit glorifié par toute la terre. Régnez absolument sur tous les cœurs et sur toutes les volontés.
Ne refusez pas à vos enfans la nourriture spirituelle et
corporelle. Nous pardonnons de bon cœur : pardonnez-nous, soutenez-nous dans les tentations et dans
les maux de cette misérable vie ; mais préservez-nous
du péché, le plus grand de tous les maux.

Ainsi soit-il.

AGNUS DEI.

*Dieu, qui est si glorieux dans le ciel, si puissant
r la terre, si terrible dans les enfers, n'est ici qu'un
neau plein de douceur et de bonté. Il y vient pour
acer les péchés du monde, et en particulier les
tres. Quel motif de confiance ! quel sujet de conso-
tion !*

Agneau de Dieu, immolé pour moi, ayez pitié de
oi. Victime adorable de mon salut, sauvez-moi.
ivin médiateur, obtenez-moi ma grâce auprès de
otre père, donnez-moi votre paix.

COMMUNION.

*Pour communier spirituellement, renouvelez par un
te de foi le sentiment que vous avez de la présence
e J.-C. ; formez un acte de contrition. Excitez dans
otre cœur un désir ardent de le recevoir avec le
rêtre. Priez le qu'il agrée ce désir, et qu'il s'unisse
vous en vous communiquant ses grâces.
Si vous voulez communier sacramentalement, ser-
ez-vous ici des prières avant la communion.*

Qu'il me seroit doux, ô mon aimable Sauveur !
'être du nombre de ces heureux chrétiens à qui la
ureté de conscience et une tendre piété permettent
'approcher tous les jours de votre sainte table !
Quel avantage pour moi si je pouvois en ce mo-
ent vous posséder dans mon cœur, vous y rendre
es hommages, vous y exposer mes besoins, et parti-
iper aux grâces que vous faites à ceux qui vous re-
oivent réellement ! Mais, puisque j'en suis très-in-
igne, suppléez, ô mon Dieu ! à l'indisposition de
on âme. Pardonnez-moi tous mes péchés ; je les
éteste de tout mon cœur, parce qu'ils vous déplai-
ent. Recevez le désir sincère que j'ai de m'unir à
ous. Purifiez-moi d'un seul de vos regards, et mettez-
oi en état de vous bien recevoir au plus tôt.

En attendant cet heureux jour, je vous conjure,
Seigneur, de me faire participant des fruits que l
communion du prêtre doit produire en tout le peupl
fidèle qui est présent à ce sacrifice. Augmentez ma fo
par la vertu de ce divin sacrement : fortifiez mon es
pérance ; épurez en moi la charité ; remplissez mo
cœur de votre amour, afin qu'il ne respire plus qu
vous et qu'il ne vive plus que pour vous. Ainsi soit-il

DERNIÈRES ORAISONS.

*Efforcez-vous de rendre au Sauveur sacrifice pou
sacrifice en devenant la victime de son amour, e
lui immolant toutes les recherches de l'amour-propre
toutes les attentions du respect humain, toutes les ré
pugnances et toutes les inclinations qui ne s'accorde
roient pas avec l'accomplissement de vos devoirs.*

Vous venez, ô mon Dieu ! de vous immoler pou
mon salut, je veux me sacrifier pour votre gloire. J
suis votre victime, ne m'épargnez point. J'accepte d
bon cœur toutes les croix qu'il vous plaira de m'en
voyer ; je les bénis, je les reçois de votre main et j
les unis à la vôtre.

Je sors purifié de vos saints mystères . je fuirai ave
horreur les moindres taches du péché, surtout de cel
où mon penchant m'entraîne avec plus de violenc
Je serai fidèle à votre loi, et je suis résolu de to
perdre et de tout souffrir plutôt que de la violer.

BÉNÉDICTION.

Bénissez, ô mon Dieu ! ces saintes résolutions ; bé
nissez-nous tous par la main de votre ministre, et q
les effets de votre bénédiction demeurent éternell
ment sur nous. Au nom du Père, et du Fils, et d
Saint-Esprit. Ainsi soit-il.

DERNIER ÉVANGILE.

VERBE DIVIN, Fils unique du Père, lumière du monde venue du ciel pour nous en montrer le chemin, ne permettez pas que je ressemble à ce peuple infidèle qui a refusé de vous reconnaitre pour le Messie. Ne souffrez pas que je tombe dans le même aveuglement que ces malheureux, qui ont mieux aimé devenir esclaves de Satan, que d'avoir part à la glorieuse adoption d'enfans de Dieu, que vous veniez leur procurer.

Verbe fait chair, je vous adore avec le respect le plus profond; je mets toute ma confiance en vous seul, espérant fermement que, puisque vous êtes mon Dieu, et un Dieu qui s'est fait homme afin de sauver les hommes, vous m'accorderez les grâces nécessaires pour me sanctifier et vous posséder éternellement dans le ciel. Ainsi soit-il.

Ne sortez point de l'Eglise sans avoir témoigné votre reconnoissance pour toutes les grâces que Dieu vous a faites dans ce sacrifice. Conservez-en précieusement le fruit, et faites qu'on demeure convaincu, en vous voyant, que vous avez profité de la mort et de l'immolation d'un Dieu sauveur.

PRIÈRES APRÈS LA SAINTE MESSE.

SEIGNEUR, je vous remercie de la grâce que vous m'avez faite en me permettant aujourd'hui d'assister au sacrifice de la sainte messe, préférablement à tant d'autres qui n'ont pas eu le même bonheur : et je vous demande pardon de toutes les fautes que j'ai commises par la dissipation et la langueur où je me suis laissé aller en votre présence. Que ce sacrifice, ô mon Dieu! me purifie pour le passé, et me fortifie pour l'avenir.

Je vais présentement avec confiance aux occupations où votre volonté m'appelle. Je me souviendrai toute cette journée de la grâce que vous venez de me faire, et je tâcherai de ne laisser échapper aucune parole, aucune action, de ne former aucun désir ni aucune pensée qui me fasse perdre le fruit de la messe que je viens d'entendre. C'est ce que je me propose avec le secours de votre sainte grâce. Ainsi soit-il.

EXERCICES

POUR LA COMMUNION.

ACTES AVANT LA COMMUNION.

ACTE DE FOI.

Dieu du ciel et de la terre, Sauveur des hommes, vous venez à moi, et j'aurai le bonheur de vous recevoir! Qui pourroit croire un semblable prodige, si vous ne l'aviez dit vous-même? Oui, Seigneur, je crois que c'est vous-même que je vais recevoir dans ce sacrement; vous-même qui, étant né dans une crèche, avez voulu mourir pour moi sur la croix, et qui, tout glorieux que vous êtes dans le ciel, ne cessez pas d'être caché sous ces espèces adorables.

Je le crois, mon Dieu; et je m'en tiens plus assuré que si je le voyois de mes propres yeux. Je le crois, parce que vous l'avez dit; que j'adore votre divine parole. Je le crois; et malgré ce que mes sens et ma raison peuvent me dire, je renonce à mes sens et à ma raison pour me captiver sous l'obéissance de la foi.

Je le crois : et s'il falloit souffrir mille morts pour la confession de cette vérité, aidé de votre grâce, ô mon Dieu! je les souffrirois plutôt que de démentir sur ce point ma croyance et ma religion.

ACTE D'HUMILITÉ.

Qui suis-je, ô Dieu de gloire et de majesté! qui suis-je pour que vous daigniez jeter les yeux sur moi! D'où me vient cet excès de bonheur, que mon Seigneur et mon Dieu veuille venir à moi! Moi, pécheur; moi, ver de terre; moi, plus méprisable que le néant, approcher d'un Dieu aussi saint, manger le pain des anges, me nourrir d'une chair divine! Ah! Seigneur, je ne le mérite pas : je n'en serai jamais digne.

Roi du ciel, auteur et conservateur du monde, monarque universel, je m'anéantis devant vous, et je voudrois pouvoir m'humilier aussi profondément pour votre gloire que vous vous abaissez dans ce sacrement pour l'amour de moi. Je reconnois, avec toute l'humilité possible, et votre souveraine grandeur et mon extrême bassesse. La vue de l'un et de l'autre me jette dans une confusion que je ne puis exprimer, ô mon Dieu! Je dirai seulement avec une humble sincérité que je suis très-indigne de la grâce que vous daignez me faire aujourd'hui.

ACTE DE CONTRITION.

Vous venez à moi, Dieu de bonté et de miséricorde. Hélas! mes péchés devroient bien plutôt vous en éloigner. Mais je les désavoue en votre présence, ô mon Dieu! Sensible au déplaisir qu'ils vous ont causé, touché de votre infinie bonté, résolu sincèrement de ne les plus commettre, je les déteste de tout mon cœur et vous en demande très-humblement pardon. Pardonnez-les-moi, mon Père, mon aimable Père, puisque vous m'aimez encore jusqu'à permettre que je m'approche de vous, pardonnez-les-moi.

Je suis déjà lavé, comme je l'espère, par le sacrement de pénitence ; mais lavez-moi, Seigneur, encore davantage ; purifiez-moi des moindres souillures ; créez dans moi un cœur nouveau, et renouvelez jusqu'au fond de mes entrailles cet esprit d'innocence qui me mette en état de vous recevoir dignement.

ACTE D'ESPÉRANCE.

Vous venez à moi, divin Sauveur des âmes ; que ne dois-je pas espérer de vous ! que ne dois-je pas attendre de celui qui se donne entièrement à moi !

Je me présente donc à vous, ô mon Dieu ! avec toute la confiance que m'inspirent votre puissance infinie et votre infinie bonté. Vous connoissez-tous mes besoins ; vous pouvez les soulager ; vous le voulez, vous m'invitez d'aller à vous, vous me promettez de me secourir. Eh bien ! mon Dieu, me voici ; je viens sur votre parole. Je me présente à vous avec toutes mes foiblesses, mon aveuglement et mes misères ; j'espèr que vous me fortifierez, que vous m'éclairerez, que vous me soulagerez, que vous me changerez.

Je l'espère, sans crainte d'être trompé dans mon espérance ; car n'êtes-vous pas, ô mon Dieu ! le maître de mon cœur ! et quand mon cœur sera-t il plus absolument dans votre disposition, que lorsque vous y serez une fois entré ?

ACTE DE DÉSIR.

Est-il donc possible, ô Dieu de bonté ! que vous veniez à moi, et que vous y veniez avec un désir infini de m'unir à vous ? Oh ! venez le bien-aimé de mon cœur ! venez, Agneau de Dieu, chair adorable, sang précieux de mon Sauveur ! venez servir de nourriture à mon âme. Que je vous voie, ô le Dieu de mon cœur ! ma joie, mes délices, mon amour, mon Dieu, mon tout !

Qui me donnera des ailes pour voler vers vous? Mon âme éloignée de vous, impatiente d'être remplie de vous, languit sans vous, vous souhaite avec ardeur, et soupire après vous, ô mon Dieu! mon unique bien, ma consolation, ma douceur, mon trésor, mon bonheur et ma vie, mon Dieu et mon tout!

Venez donc, aimable Jésus, et quelque indigne que je sois de vous recevoir, dites seulement une parole, et je serai purifié. Mon cœur est prêt; et s'il ne l'était pas, d'un seul de vos regards vous pouvez le préparer, l'attendrir et l'enflammer. Venez, Seigneur Jésus, venez.

ACTES APRÈS LA COMMUNION.

ACTE D'ADORATION.

ADORABLE majesté de mon Dieu, devant qui tout ce qu'il y a de plus grand dans le ciel et sur la terre se reconnoit indigne de paraître, que puis-je faire ici en votre présence, si ce n'est de me taire et de vous honorer dans le plus profond anéantissement de mon âme?

Je vous adore, ô Dieu saint! je rends mes justes hommages à cette grandeur suprême devant laquelle tout genou fléchit; en comparaison de laquelle toute puissance n'est que foiblesse, toute prospérité que misère, et les plus éclatantes lumières que ténèbres épaisses.

A vous seul, grand Dieu, roi des siècles, Dieu immortel, à vous seul appartient tout honneur et toute gloire. Gloire, honneur, salut, bénédiction à celui qui vient au nom du Seigneur. Béni soit le Fils éternel du très-haut, qui daigne s'unir aujourd'hui si intimement à moi, et prendre possession de mon cœur.

ACTE D'AMOUR.

J'ai donc enfin le bonheur de vous posséder, ô Dieu d'amour! Quelle bonté! que ne puis-je y répondre! Que ne suis-je tout cœur, pour vous aimer autant que vous êtes aimable, et pour n'aimer que vous! Embrasez-moi, mon Dieu, brûlez, consumez mon cœur de votre amour. Mon bien-aimé est à moi; Jésus, l'aimable Jésus se donne à moi!... Anges du ciel, mère de mon Dieu, saints du ciel et de la terre, prêtez-moi vos cœurs, donnez-moi votre amour, pour aimer mon aimable Jésus.

Oui, je vous aime, ô le Dieu de mon cœur! je vous aime de toute mon âme; je vous aime souverainement; je vous aime pour l'amour de vous, et avec une ferme résolution de n'aimer que vous. Je le jure, je le proteste; mais assurez vous-même, ô mon Dieu! ces saintes résolutions dans mon cœur, qui est présentement à vous.

ACTE DE REMERCÎMENT.

Quelles actions de grâce, ô mon Dieu! pourraient égaler la faveur que vous me faites aujourd'hui? Non content de m'avoir aimé jusqu'à mourir pour moi, Dieu de bonté, vous daignez encore venir en personne m'honorer de votre visite et vous donner à moi! O mon âme! glorifie le Seigneur ton Dieu, reconnais sa bonté, exalte sa magnificence, publie éternellement sa miséricorde. C'est avec un cœur attendri et plein de reconnoissance, ô mon doux Sauveur! que je vous remercie de la grande grâce que vous daignez me faire. J'ai été un infidèle, un lâche, un prévaricateur; mais je ne veux pas être un ingrat: je veux me souvenir éternellement qu'aujourd'hui vous vous êtes donné à moi; et marquer, par toute la suite de ma vie, les obligations excessives que je vous ai, ô mon Dieu! en me donnant parfaitement à vous.

ACTE DE DEMANDE.

Vous êtes en moi, source inépuisable de tous biens : vous y êtes plein de tendresse pour moi, les mains pleines de grâces, et prêt à les répandre dans mon cœur. Dieu, bon libéral et magnifique, répandez-les avec profusion ; voyez mes besoins, voyez votre pouvoir. Faites en moi ce pourquoi vous y venez ; ôtez ce qui vous déplaît dans mon cœur ; mettez-y ce qui peut me rendre agréable à vos yeux. Purifiez mon corps, sanctifiez mon âme, appliquez-moi les mérites de votre vie et de votre mort ; unissez-vous à moi, chaste époux des âmes ; unissez-moi à vous ; vivez en moi, afin que je vive en vous, que je vive de vous, et à jamais pour vous

Faites en moi, aimable Sauveur, ce pourquoi vous y venez ; accordez-moi les grâces que vous savez m'être nécessaires. Accordez les mêmes grâces à tous ceux et à celles pour qui je suis obligé de prier. Pourriez-vous, mon aimable Sauveur, me refuser quelque chose, après la grâce que vous me faites aujourd'hui, de vous donner vous-même à moi ?

ACTE D'OFFRANDE.

Vous me comblez de vos dons, Dieu de miséricorde ; et en vous donnant à moi, vous voulez que je ne vive plus que pour vous. C'est aussi, ô mon Dieu ! le plus grand de tous mes désirs, que d'être entièrement à vous. Oui, je veux que tout ce que j'aurai désormais de pensées, tout ce que je formerai ou exécuterai de desseins, soit dans l'ordre de la parfaite soumission que je vous dois.

Je veux que tout ce qui dépend de moi, santé, forces, esprit, talens, crédit, biens, réputation, ne soient employés que pour les intérêts de votre gloire. Assujettissez-vous donc, ô roi de mon cœur ! toutes les puissances de mon âme ; régnez absolument sur ma volonté, je la soumets à la vôtre. Après la faveur dont vous m'honorez, je ne souffrirai pas qu'il y ait rien en moi qui ne soit parfaitement à vous.

ACTE DE BON PROPOS.

O le plus patient et le plus généreux de tous les amis! qui est-ce qui pourroit désormais me séparer de vous? je renonce de tout mon cœur à tout ce qui m'en avoit éloigné jusqu'ici, et me propose, avec le secours de votre grâce, de ne plus retomber dans mes fautes passées.

Ainsi donc, ô mon Dieu! plus de pensées, de désirs, de paroles ou d'actions qui soient le moins du monde contraires à la pudeur ou à la charité; plus d'impatience, de juremens, de mensonges, de querelles, de médisances; plus d'omissions dans mes devoirs ni de langueur dans votre service; plus de liaisons sensibles ni d'amitiés naturelles, plus d'attache à mes sentimens ni à mes commodités; plus de délicatesse sur les mépris et sur les discours des hommes; plus de passion pour l'estime et l'attention du monde. Plutôt mourir, ô mon Dieu! plutôt expirer ici devant vous, que de jamais vous déplaire!

Vous êtes au milieu de mon cœur, divin Jésus! c'est en votre présence que je forme ces résolutions, afin que vous les confirmiez, et que votre adorable sacrement, que je viens de recevoir, en soit comme le sceau, qu'il ne me soit jamais permis de violer. Confirmez donc, ô Dieu de bonté! le désir que j'ai d'être uniquement à vous, et de ne vivre plus que pour votre gloire. Ainsi soit-il.

POUR LE JOUR DE LA CONFIRMATION.

Prière au saint Esprit.

Esprit saint, qui, malgré la foiblesse et les imperfections inséparables de l'enfance, ne dédaignez pas de venir habiter avec moi, je m'humilie profondément à la vue de votre divine majesté. Faites-moi la grâce de connoître de plus en plus la grandeur et l'excellence du bienfait que vous voulez m'accorder, afin que je redouble mes efforts pour vous bien recevoir, ou plutôt, Esprit de bonté, de pureté et d'amour, bannissez de mon cœur tout ce qui pourroit vous déplaire, et préparez-y vous-même votre demeure. Ainsi soit-il.

Prière pour obtenir les sept dons du saint Esprit.

Dieu tout-puissant et éternel, vous avez daigné me régénérer dans l'eau et dans le saint Esprit ; vous m'avez accordé la rémission de tous mes péchés. Mettez le comble à vos faveurs inestimables ; faites descendre sur moi l'esprit de sagesse, qui me fasse mépriser les choses périssables de ce monde, et aimer les biens éternels : l'esprit d'intelligence, qui m'éclaire et me donne la connoissance de la religion ; l'esprit de conseil, qui me fasse rechercher avec soin tous les moyens surs pour plaire à Dieu et arriver au ciel : l'esprit de force, qui me fasse surmonter avec courage tous les obstacles qui s'opposent à mon salut : l'esprit de science, qui me rende éclairé dans les voies de Dieu ; l'esprit de piété, qui me rende le service de Dieu doux et aimable ; l'esprit de crainte, qui m'inspire pour Dieu un respect mêlé d'amour, et qui me fasse craindre de lui déplaire. Marquez-moi par votre miséricorde, du signe de la croix de Jésus-Christ pour la vie éternelle. Faites enfin que, portant la croix sur le front, je la porte aussi dans mon cœur, et que, vous confessant hautement devant les hommes, je mérite d'être reconnu et récompensé au jour terrible du jugement universel. Ainsi soit-il.

ACTES AVANT LA CONFIRMATION.

ACTE DE FOI.

Mon Dieu, je crois fermement que je vais recevoir votre Esprit saint dans le sacrement de confirmation ; je le crois parce que vous l'avez dit, et que vous êtes la souveraine vérité qui ne peut se tromper ni nous tromper.

ACTE D'ESPÉRANCE.

J'espère, ô mon Dieu ! de votre bonté infinie, qu'en recevant, malgré mon indignité, votre Esprit saint, je le recevrai avec toute l'abondance de ses grâces ; qu'il me rendra parfait chrétien, et me donnera la force de confesser ma foi, même au péril de ma vie.

ACTE D'AMOUR.

Je vous aime, ô mon Dieu ! de tout mon cœur, de toute mon âme, de toutes mes forces, et par-dessus toutes choses, parce que vous êtes infiniment bon et infiniment aimable, et parce que vous allez m'accorder la grâce de recevoir votre Esprit saint dans le sacrement de confirmation : embrasez mon cœur de votre amour, que j'y persévère jusqu'à la fin de mes jours.

Dites d'abord en français l'hymne Veni creator, *etc., qui suit, pendant qu'on le chantera.*

Venez, Esprit créateur, visiter tous les cœurs de vos enfans ; remplissez de la grâce d'en haut ces cœurs que vous avez créés.

Vous êtes appelé l'esprit consolateur, le don du Dieu tout-puissant, la source vive et intarissable des grâces, le feu divin, et l'onction spirituelle de nos âmes.

Venez avec vos sept dons précieux, vous qui êtes le doigt de Dieu, qui nous montrez nos devoirs, la promesse par excellence du père, et qui nous suggérez tout ce que nous devons dire.

Faites briller votre lumière dans nos esprits, embrasez nos cœurs des flammes de votre amour, fortifiez notre foiblesse, et donnez à notre chair fragile une force toujours victorieuse et supérieure aux attaques des ennemis de notre salut.

Eloignez de nous l'esprit tentateur ; accordez-nous une paix inaltérable ; faites qu'en vous suivant toujours comme notre guide, nous marchions d'un pas ferme et constant dans les voies du salut, et que nous évitions avec soin tout ce qui seroit capable de donner la mort à notre âme.

Faites-nous connoitre le père éternel et Jésus-Christ son Fils unique, desquels vous procédez, et avec lesquels vous êtes un même Dieu : accordez-nous la grâce de croire fermement, jusqu'au dernier instant de notre vie, que vous êtes l'Esprit du Père et du Fils, et le lien éternel qui les unit ensemble.

Venez, venez, Esprit ; remplissez les cœurs de vos fidèles, et allumez-y pour toujours le feu sacré de votre amour. Ainsi soit-il.

ACTES APRÈS LA CONFIRMATION.

ACTE DE REMERCIMENT.

Mon Dieu, quoique je ne sois pas capable de comprendre toute la grandeur du bienfait que vous venez de m'accorder, en me communiquant votre Esprit saint avec l'abondance de ses grâces, je vous en remercie cependant avec les sentimens de la plus vive reconnoissance : agréez, je vous en conjure, les mouvemens qui élèvent mon cœur vers vous, et les très-humbles actions de grâces que j'ose présenter à votre divine majesté. Ce bienfait signalé, qui a imprimé dans mon âme le caractère de parfait chrétien, y restera gravé à jamais, et sera pour moi le motif pressant d'une éternelle reconnoissance.

ACTE DE CONSÉCRATION.

ESPRIT DIVIN, qui, par un effet pur de votre bonté et de votre miséricorde infinie, venez de vous donner tout entier à moi malgré mon indignité, pourrois-je être assez ingrat pour ne pas me donner tout entier à vous! Non, mon Dieu, il n'en sera pas ainsi; recevez l'offrande que je vous fais de tout ce que je suis. Je vous consacre mon esprit avec toutes ses pensées, mon âme avec tous ses mouvemens, mon cœur avec toutes ses affections; vous serez désormais le Dieu de mon cœur et mon partage pour l'éternité. Achevez, divin Esprit, ce que vous avez commencé en moi; fortifiez les pieux sentimens que vous m'avez inspirés, et faites que je brûle à jamais du feu sacré de votre amour.

ACTE DE DEMANDE.

ESPRIT SAINT, honoré que je suis de votre divine présence, et comblé de vos dons, je me présente à vous avec confiance, pour vous supplier de me conserver l'abondance des grâces que vous avez daigné m'accorder. C'est un trésor bien précieux, mais je le porte dans un vase bien fragile. Sans votre bonté, je n'aurois jamais reçu ces faveurs signalées; sans votre puissante protection, je me vois exposé à chaque instant à les perdre. Je crois sentir un vrai désir de conserver ce précieux trésor, mais je reconnois et je confesse humblement que je ne puis le faire sans votre secours. Esprit de force, fortifiez ma foiblesse, rendez-vous à mes vœux ardens, et faites que vos grâces demeurent en moi autant que durera le caractère sacré que vous avez imprimé dans mon âme, c'est-à-dire pendant tout le cours de ma vie, et pendant l'étendue infinie de l'éternité.

PRIÈRES POUR DEMANDER LES DOUZE FRUITS DU SAINT-ESPRIT.

ESPRIT saint, amour éternel du Père et du Fils, daignez m'accorder le fruit de charité, qui m'unisse à vous par l'amour; le fruit de joie, qui me remplisse d'une sainte consolation; le fruit de paix, qui produise en moi la tranquillité de l'âme; le fruit de patience, qui me fasse supporter doucement tout ce qui pourroit troubler la paix de mon âme; le fruit de bénignité, qui me porte à soulager les nécessités de mon prochain; le fruit de bonté, qui me rende bienfaisant envers tous; le fruit de longanimité, qui fasse que je ne me rebute d'aucun délai; le fruit de douceur, qui me fasse supporter en paix tout ce que le prochain a d'incommode; le fruit de foi, qui m'engage à croire avec certitude sur la parole de Dieu; le fruit de modestie, qui règle mon extérieur; les fruits de continence et de chasteté, qui conserve mon corps dans la sainteté qui convient à votre temple; afin qu'ayant conservé mon cœur pur sur la terre, je mérite de vous voir à jamais dans le séjour de la gloire. Ainsi soit-il.

***

RÉSOLUTIONS D'UN ENFANT CHRÉTIEN

POUR SE PRÉPARER A SA PREMIÈRE COMMUNION.

EN me levant, je ferai le signe de la croix, et je donnerai mon cœur à Dieu, je me leverai sur-le-champ, et après m'être habillé avec modestie, au lieu de ne dire, comme autrefois, que *Pater, Ave, Credo, Confiteor*, je dirai la prière du matin qui se trouve dans mon cantique.

J'irai à la messe tous les jours jusqu'à ma première communion, si mes parens me le permettent.

Je ferai une lecture de piété, au moins d'un quart d'heure.

Je penserai au bon Dieu de temps en temps, durant la journée, mais surtout à midi et à la fin du jour.

Je ferai maigre les jours où l'Eglise me le commande.

Le soir, je prendrai aussi ma prière dans mon cantique ; je me coucherai avec modestie, et après avoir croisé mes bras sur ma poitrine, je m'endormirai en pensant à Dieu.

Tous les dimanches j'irai à la grande Messe, et le soir au catéchisme.

Jusqu'à ma première communion, j'irai à confesse tous les quinze jours, à moins que mon confesseur ne m'ordonne d'y venir plus souvent.

Comme je ne suis pas capable de faire beaucoup pour Dieu, je ferai en sorte d'apporter dans mes exercices de piété toute la perfection possible.

Dans mes prières du matin et du soir, je me tiendrai dans un profond recueillement, en pensant à la grandeur de Dieu et à ma bassesse, à mes fautes, et au besoin que j'ai de sa miséricorde.

Quand j'irai à la sainte messe, en montant les degrés de l'Eglise, je penserai que je vais entrer dans la maison de Dieu ; en prenant de l'eau bénite, je demanderai à Dieu de laver mon cœur de ses souillures ; et quand je serai près de l'autel, je me souviendrai que J.-C., mon Dieu et mon Sauveur, va y descendre pour y continuer le sacrifice sanglant de la croix, et que le jour n'est pas loin où il doit se donner à moi dans la sainte communion.

Quand j'irai à confesse, je prendrai mon livre de prières et un autre livre de piété, afin de m'occuper utilement ou d'éviter l'ennui et la dissipation. En arrivant près du confessional, je me mettrai à genoux, j'adorerai humblement J.-C. caché dans le tabernacle. Je lirai les prières avant la confession, je ferai attentivement mon examen de conscience. Je me relèverai ensuite, et, évitant de me placer auprès des enfans qui pourroient me dissiper, je m'occuperai, en attendant mon tour, d'une lecture de piété. Après ma confession, je réfléchirai quelques momens à genoux sur les avis de mon confesseur. Je prendrai ensuite mon livre, je lirai les prières après la confession, et je me retirerai avec recueillement sans m'arrêter avec les enfans de mon âge.

J'étudierai mon catéchisme, non avec légèreté ou par crainte, comme une leçon profane, mais avec zèle et recueillement, comme un livre qui renferme les vérités du salut et les leçons de N. S. J.-C.

En venant au catéchisme, je ne m'arrêterai jamais dans les rues : j'y entrerai avec recueillement ; je n'y dirai jamais un mot inutile à mes voisins, et j'écouterai avec attention et respect les instructions et les avis que m'y donneront les ministres de J.-C. ; j'en sortirai sans dissipation et sans me retarder avec les autres enfans.

Je ne passerai point de jour sans demander à Dieu la grâce de bien faire ma première communion. Je demanderai aussi la même grâce pour les enfans qui doivent communier avec moi.

J'aurai une dévotion particulière pour la très-sainte Vierge ; et je la prierai souvent de m'obtenir la grâce d'être bien sage et bien pieux.

Comme mes parens me reprochent souvent le mensonge, la désobéissance et la paresse, je veux m'attacher à éviter ces trois défauts.

Je dirai toujours la vérité ; et la crainte d'être grondé, ou même d'être puni, ne me déterminera jamais à dire un mensonge.

J'obéirai à mes parens avec promptitude et sans murmurer, et j'éviterai, même en obéissant, d'avoir un air ou un ton contraire à une respectueuse docilité.

Je travaillerai avec ardeur et constance, et pour m'encourager dans mon ennui et dans mes fatigues, j'offrirai ma peine au bon Dieu, et je me souviendrai que J.-C. sur la terre, m'a donné lui même l'exemple du travail.

Je relirai ces résolutions de temps en temps ; mais surtout avant d'aller à confesse.

J'espère que c'est le bon Dieu qui me les a inspirées, et je lui demande de tout mon cœur la grâce de les accomplir fidèlement.

PRIÈRE DE SAINT BERNARD

A LA SAINTE VIERGE.

Souvenez-vous, ô très-pieuse Vierge Marie, qu'on n'a jamais ouï dire qu'aucun de ceux qui ont imploré votre secours, imploré votre assistance, ait été abandonné ; animé d'une pareille confiance, ô Vierge des Vierges, j'accours à vous, et gémissant sous le poids de mes péchés je me prosterne à vos pieds. Daignez, ô mère du Verbe, ne mépriser pas ma prière, mais écoutez-la favorablement, et exaucez-moi.

Ainsi soit-il.

NOUVEAU CHOIX

DE CANTIQUES,

A L'USAGE DES CATÉCHISMES.

Prière avant le Catéchisme.

Veni, Sancte Spiritus.

R. Reple tuorum corda fidelium, et tui amoris in eis ignem accende.

Emittes Spiritum tuum et creabuntur.

R. Et renovabis faciem terræ.

Oremus.

Deus qui corda fidelium Sancti Spiritûs illustratione docuisti, da nobis in eodem Spiritu recta sapere, et de ejus semper consolatione gaudere; per Christum Dominum nostrum.

R. Amen. Ave Maria, etc.

Prière à N. S. J. C.

Divin Jésus, qui avez aimé les enfans, et qui avez pris plaisir à leur parler, parlez à notre cœur, dans les instructions que vos ministres vont nous faire; et à qui irions-nous, ô notre Sauveur? Vous avez les paroles de la vie éternelle. Souvenez-vous, Seigneur Jésus, de vos anciennes bontés envers les enfans. Accordez-nous, ô notre bon maître! l'intelligence de votre sainte doctrine : apprenez-nous à porter dès nos jeunes années le joug aimable de votre loi. Enseignez-nous à être doux et humbles de cœur comme vous; que nos pères et mères et la sainte Église se félicitent toujours de notre obéissance à leurs commandemens; conservez, augmentez, fortifiez la grâce que vous avez répandue dans nos âmes, afin qu'ayant soutenu jusqu'à la fin, par une vie toute chrétienne, l'honneur et les engagemens de notre baptême, nous obtenions de vous et par vous l'héritage des enfans, dans la gloire où vous régnez avec le Père et le Saint-Esprit. Ainsi soit-il.

Prière à la Très-Sainte Vierge.

O MARIE! ma bonne mère et ma puissante protectrice, je vais avoir le bonheur d'entendre parler de votre cher fils! Ses aimables qualités, sa divine morale et ses commandemens vont être retracés à ma mémoire : obtenez-moi la grâce qu'ils soient gravés dans mon cœur, comme vous conserviez dans le vôtre toutes les paroles qui avoient quelque rapport à sa divine Personne. Ainsi soit-il.

Prière après le Catéchisme.

O DIVIN Jésus! qui avez daigné vous faire enfant pour nous, ô vous qui avez toujours témoigné tant de tendresse et de bonté pour les enfans, qui les voyez avec complaisance s'approcher de vous, qui daignez même les bénir et les embrasser, et qui avez dit qu'il falloit leur ressembler pour entrer dans le royaume des Cieux! jetez un regard favorable sur nous; faites que nous ayons toujours la douceur et la candeur de l'enfance, sans en avoir la légèreté, et qu'en imitant votre sainte enfance, nous croissions de jour en jour à votre exemple, en science et en sagesse devant Dieu et devant les hommes, afin de régner un jour avec vous dans le Ciel. Ainsi soit-il.

Sub tuum præsidium confugimus, sancta Dei genitrix, nostras deprecationes ne despicias in necessitatibus, sed a periculis cunctis libera nos semper, virgo gloriosa et benedicta. Amen.

Prière d'un enfant qui se prépare à sa première Communion.

IL approche cet heureux jour où, pour la première fois, il me sera permis, ô mon divin Sauveur! de prendre place à votre Table sainte. Je n'envierai plus enfin le bonheur des enfans que vous admettez à votre banquet sacré; et après m'avoir nourri comme eux du lait de votre parole, comme eux vous allez me soutenir par

le pain des forts, en devenant vous-même la
nourriture de mon âme. Préparez, je vous en
conjure, préparez vous-même dans mon cœur
une demeure digne de vous. Je ne suis qu'un
enfant; que pouvez-vous attendre de moi, avec
ma dissipation, mon indifférence et ma longue
ingratitude? Sans doute, vous voulez faire éclater
sur moi les prodiges de votre bonté et de votre
toute-puissance. Captivez donc la légèreté de
mon esprit, en le pénétrant de la grandeur du
bienfait que vous me préparez. Forcez-le, dans
votre miséricorde, d'oublier les futiles objets
de ses distractions, pour le fixer dans un saint
recueillement au souvenir du présent ineffable
que vous me réservez. Qu'il soit attentif aux leçons de vos Ministres, et surtout aux leçons se-
crètes que vous me donnez si souvent vous-
même. Comme le jeune Samuël, appelez-moi,
mais de telle sorte que je vous réponde; parlez-
moi, mais de telle sorte que je ne veuille plus
écouter que vous. Arrachez de mon cœur ces
penchans coupables qui déjà si souvent m'en-
traînent loin de vous. Apprenez-moi à les dé-
plorer, et que mes yeux, qui tant de fois versent des pleurs pour des pertes frivoles, en
répandent enfin sur la perte de votre grâce et de
mon innocence. Inspirez-moi l'amour de la
vertu, le zèle pour votre service, le goût de la
piété; et puisque autrefois vous donnâtes la sagesse à un jeune Roi qui devait construire votre
Temple, aujourd'hui donnez-la à un enfant qui
doit lui-même le devenir. Ainsi soit-il.

Prière pour le renouvellement des Vœux du Baptême.

GRACES vous soient rendues, ô mon Dieu! pour le don ineffable que vous m'avez fait. J'étois dans les ténèbres, et vous m'en avez tiré pour m'appeler à votre admirable lumière. J'étois mort par le péché, et vous, mon Dieu, qui êtes riche en miséricorde, vous m'avez rendu la vie en Jésus-Christ par l'eau de la régénération.

J'étois, par ma naissance, enfant de colère, et vous m'avez rendu participant de la nature divine par le renouvellement du Saint-Esprit que vous avez répandu sur moi avec une riche effusion : afin qu'étant justifié par votre grâce, je devienne héritier de la vie éternelle. Qu'il est juste que je vous aime, ô mon Père, puisque vous m'avez tant aimé le premier! Et comment, après être mort au péché, serois-je assez malheureux pour vivre encore dans le péché! Que je n'oublie jamais, ô mon Dieu! qu'en recevant le baptême de Jésus-Christ, je me suis dépouillé du vieil homme, qui se corrompt en suivant l'illusion des passions, et que j'ai été revêtu de l'homme nouveau, qui est Jésus-Christ même. Que je n'aime donc ni le monde, ni ce qui est dans le monde; mais qu'ayant le bonheur d'être à Jésus-Christ, je crucifie ma chair avec ses passions et ses désirs déréglés! Que je vive par l'esprit de Jésus-Christ, et que je sois dans les mêmes dispositions et les mêmes sentimens où il a été! Que je sois devant vous, ô mon Dieu! comme un enfant nouvellement né, éloigné de toute sorte de malice, de tromperie et de dissimulation, et soupirant ardemment après le lait spirituel et tout pur de votre parole qui me fasse croître pour le salut. Ne permettez pas que j'attriste jamais, par le péché, votre Esprit-Saint, dont vous m'avez marqué comme d'un sceau, et que vous m'avez donné pour arrhes de l'immortalité qui m'a été promise. Que je porte, par votre grâce, les fruits de toutes sortes de bonnes œuvres; afin qu'après avoir vécu d'une manière digne de vous, j'arrive au royaume et à la gloire à laquelle vous m'avez appelé. Amen.

ACTE DE CONSÉCRATION

A LA SAINTE VIERGE,

POUR LE JOUR DE LA PREMIÈRE COMMUNION.

TRÈS-SAINTE Marie, Mère de Dieu, souveraine maîtresse des Anges et des hommes, ceux et celles que vous voyez ici prosternés à vos pieds sont autant d'âmes chrétiennes que votre cher Fils a nourries pour la première fois de son corps adorable, qu'il a enivrées de son sang précieux, et auxquelles il a inspiré la résolution de n'aimer que lui seul : ce sont des enfans que leur première communion a rendus plus particulièrement les vôtres; ils viennent rendre hommage à vos grandeurs, reconnoître vos bontés et réclamer votre protection. Chargé d'exprimer les sentimens dont ils sont pénétrés ; désirant de répondre à leur piété et me satisfaire moi-même, je vous offre leurs cœurs et le mien : c'est le gage de notre respect, de notre amour pour vous, et de la tendre confiance que nous avons en vos miséricordes. Agréez la protestation que nous faisons de vivre et de mourir dans votre service. Pour toute récompense, nous vous demandons de mettre le comble à notre bonheur et de rendre ce jour le plus heureux de notre vie, en nous accordant votre sainte protection, et en exauçant les vœux que nous vous adressons de tout notre cœur pour nos parens, nos amis, nos bienfaiteurs, et surtout pour ces charitables Ministres qui se sont efforcés par leurs instructions de nous rendre des enfans dignes de la meilleure de toutes les Mères. Ainsi soit-il.

Prière pour offrir la journée au Seigneur.

Sur l'air : *Dans ma cabane obscure*, etc.   N° 1.

O Dieu ! dont je tiens l'être,
Toi qui règles mon sort,
Seul arbitre, seul maître
De mes jours, de ma mort !
Je t'offre les prémices
Du jour qui luit sur moi,
Et veux sous tes auspices,
Ne les donner qu'à toi.

Daigne, d'un œil propice,
En voir tous les instans,
Que ta main en bannisse
Tous les dangers pressans :
Surtout, Dieu de clémence,
Qu'avec ton saint secours,
Nul crime, nulle offense
N'ose en ternir le cours.

Que ta bonté facile,
Qui voit tous mes besoins,
Rende à tes yeux utile
Mon travail et mes soins ;
Et que suivant la trace
Que nous ouvrent les Saints,
Nos jours soient, par ta grâce,
Des jours purs et sereins.

Fils d'un père coupable,
Né dans l'iniquité,
Des maux le poids m'accable,
Et j'en sens l'équité :
Au travail quand vous-même
Grand Dieu ! me condamnez,
Je m'y soumets, je l'aime,
Puisque vous l'ordonnez.

Si par plus d'une offense
J'ai pu vous irriter,
Par cette pénitence
Puissé-je m'acquitter !
Que jamais le murmure,
Le dégoût, les ennuis
Des peines que j'endure
Ne m'enlèvent les fruits.

Lorsqu'en votre présence,
De vous plaire jaloux,

Au travail, en silence,
Je me livre pour vous,
Dieu bienfaisant, j'espère
Qu'un éternel repos
Sera l'heureux salaire
De mes foibles travaux.

Vertus Théologales.

Sur l'air : *De tout un peu.* N° 2.

ACTE DE FOI.

Oui, je le crois,
Ce que l'Eglise nous annonce ;
Oui, je le crois,
Seigneur, et j'honore ses lois.
Toutes les fois qu'elle prononce,
Par elle l'Esprit saint s'annonce ;
Oui, je le crois.

ACTE D'ESPÉRANCE.

J'espère en vous,
Dieu de bonté, Dieu de clémence ;
J'espère en vous :
Tout autre espoir ne m'est point doux.
Vous seul comblez mon espérance,
Vous seul serez ma récompense :
J'espère en vous.

ACTE D'AMOUR.

O Dieu sauveur !
Vous êtes le seul bien suprême ;
O Dieu sauveur !
A vous seul je donne mon cœur.
Et, pour l'amour de vous seul, j'aime
Mon prochain autant que moi-même,
O Dieu Sauveur !

1*

Paraphrase du PATER.

Sur l'air : *Prenez pitié d'un petit malheureux.* Nº 3.

Vous, dont le trône est au plus haut des cieux,
Vous, à la fois notre Dieu, notre Père,
Sur vos enfans daignez jeter les yeux ;
Prêtez l'oreille à leur humble prière.   (*bis.*)

Que votre nom, digne de tout honneur,
Mais trop souvent en butte à nos outrages,
Soit à jamais gravé dans notre cœur,
Soit honoré par d'éternels hommages.   (*bis.*)

Vous êtes seul notre souverain bien,
C'est après vous que mon âme soupire :
Dans cet exil la grâce est mon soutien ;
Mais quand viendra votre céleste Empire ?   (*bis.*)

Faites régner sur toute volonté
De votre loi la volonté suprême,
Et qu'à jamais, par sa fidélité,
La terre soit l'image du Ciel même.   (*bis.*)

Objets chéris de vos soins vigilans,
Seigneur, en vous, nous ne voyons qu'un père ;
Dans leurs besoins, connoissez vos enfans ;
Un peu de pain suffit à leur misère.   (*bis.*)

Que la clémence à vos yeux a de prix !
Elle ravit l'immortelle couronne :
C'en est donc fait, il n'est plus d'ennemis,
Nous pardonnons... et notre Dieu pardonne.   (*bis.*)

Sur cette mer où vous guidez nos pas,
Mille dangers nous assaillent sans cesse ;
Je périrai, mon Dieu, si votre bras
A tout instant ne soutient ma faiblesse.   (*bis.*)

De tous côtés environnés de maux,
Votre cœur seul est un abri fidèle :
Ah ! puissions-nous y goûter le repos !
Y posséder une paix éternelle !   (*bis.*)

Prière à la Sainte Vierge.

A l'imitation du SALVE REGINA, etc.

Sur l'air : *Reviens, pécheur*, etc. N° 4.

JE vous salue, auguste et sainte Reine,
Dont la beauté ravit les immortels !
Mère de grâce, aimable souveraine,
Je me prosterne au pied de vos autels.

Je vous salue, ô divine Marie !
Vous méritez l'hommage de nos cœurs ;
Après Jésus, vous êtes, et la vie,
Et le refuge, et l'espoir des pécheurs.

Fils malheureux d'une coupable mère,
Bannis du Ciel, les yeux baignés de pleurs,
Nous vous faisons, de ce lieu de misère,
Par nos soupirs entendre nos douleurs.

Ecoutez-nous, puissante Protectrice !
Tournez sur nous vos yeux compatissans ;
Et montrez-nous qu'à nos malheurs propice
Du haut des Cieux vous aimez vos enfans.

O douce, ô tendre, ô pieuse Marie !
Vous dont Jésus, mon Dieu, reçut le jour,
Faites qu'après l'exil de cette vie,
Nous le voyions dans l'éternel séjour.

Autre Prière à la Sainte Vierge.

Air N⁰ 5.

Je mets ma confiance,
Vierge, en votre secours :
Servez-moi de défense,
Prenez soin de mes jours ;
Et quand ma dernière heure
Viendra fixer mon sort,
Obtenez que je meure
De la plus sainte mort.

Prière au Saint Ange Gardien.

Air N⁰ 6.

Ange de Dieu,
Ministre de sa providence,
Ange de Dieu,
Qui daignez me suivre en tout lieu ;
A l'ombre de votre présence,
Garantissez mon innocence,
Ange de Dieu.

Dans cet exil,
Soyez sensible à ma misère ;
Dans cet exil,
Sauvez mes jours de tout péril.
Soyez ma force et ma lumière,
Mon maître, mon ami, mon père,
Dans cet exil.

Prière au Saint Patron.

Sur l'air : *Avec les jeux dans le village.* N⁰ 7.

O toi ! qui, dès ma tendre enfance,
Daignas être mon protecteur,
Grand Saint ! fais que ton innocence
A jamais règne dans mon cœur ;
Fais qu'au Seigneur toujours fidèle,
A l'ombre de ton divin nom,
Je te prenne autant pour modèle,
Que j'aime à t'avoir pour Patron.

Prière au Saint-Esprit.

AVANT L'INSTRUCTION.

Air N⁰ 8.

Afin d'être docile et sage,
Seigneur, donnez-moi votre esprit,
Pour apprendre selon mon âge,
Les vérités de Jésus-Christ.
Esprit saint, faites-moi comprendre
Ce que vous m'allez expliquer ;
Mais en me le faisant apprendre,
Faites-le-moi bien pratiquer.

APRÈS L'INSTRUCTION.

O mon Dieu ! je vous remercie
De ces utiles vérités,
Et par Jésus-Christ je vous prie
D'oublier mes légèretés.
Puisqu'on est d'autant plus coupable,
Qu'on sait et ne fait pas le bien,
Si vous me rendez plus capable,
Seigneur, rendez-moi plus chrétien.

Prière pour M. le Curé.

Air N° 9.

CONSERVE-NOUS long-temps, Seigneur,
 Notre guide fidèle ;
Garde au troupeau son bon Pasteur,
 Au juste son modèle.
Comme un miel pur, ta loi toujours
 Découle de sa bouche,
Et plus encor que ses discours,
 Son exemple nous touche.

Au Chrétien laisse encor long-temps
 Le flambeau qui l'éclaire ;
 Long-temps encore à ses enfans
 Laisse un si tendre père.
 Ne l'appelle à toi que vieillard ;
 Diffère son attente ;
Et si le prix lui vient plus tard,
 Que ta bonté l'augmente !

Prière pour demander à Dieu sa bénédiction pendant la nuit.

Air N° 10.

O DIEU ! dont la providence
Fixe nos nuits et nos jours ;
De la nuit que je commence
Daignez rendre heureux le cours.

Que vos Anges tutélaires
Veillent sur tous mes momens,
Et que leurs soins salutaires
Gardent mon âme et mes sens.
 O Dieu ! etc.

Que jamais je ne sommeille
Que dans la paix du Seigneur,
Et que je ne me réveille
Que pour lui donner mon cœur.
O Dieu ! etc.

Prière au commencement de la Messe.

Air N° 9.

Autour de nos sacrés autels
  Osons tous prendre place,
Là, Jésus a pour les mortels
  Le trône de sa grâce :
Allons à ce Dieu de bonté,
  Mais que la confiance,
L'ardeur, la foi, l'humilité,
  L'amour, nous y devance.

Pour nous ouvrir un libre accès
  Vers un si tendre père,
Faisons-lui de tous nos excès
  L'aveu le plus sincère :
Que la plus vive des douleurs
  Nous gagne sa clémence,
Et que l'amour mêle ses pleurs
  A notre pénitence.

Exaucez-nous, divin Sauveur,
  Adorable victime,
Et détruisez dans notre cœur
  Jusqu'à l'ombre du crime.
O bienheureux ! ô chœurs des Saints !
  Et vous, Reine des Anges,
Offrez-lui de vos pures mains
  L'encens de nos louanges.

A l'Offertoire.

Air Nᵒ 10.

REGARDEZ d'un œil propice,
   O Dieu de majesté !
Les saints apprêts du sacrifice
Qui vous est présenté.
Qu'à vous seul en soit l'honneur ;
Qu'il nous comble de bonheur ;
Qu'il vous rende un digne hommage ;
Qu'il lave nos forfaits ,
Et nous devienne un tendre gage
   De vos nouveaux bienfaits.

A nos vœux daignez vous rendre
   O fils de l'Eternel ,
Du haut des Cieux, venez descendre
Pour nous sur cet autel.
Nous ne sommes rien de nous ,
Mais nous sommes tout par vous ;
Pour nous épargner l'abîme ,
Vous daignâtes mourir :
Daignez vous faire encor victime
   Et pour nous vous offrir.

Jésus vient , que tout fléchisse
   Devant lui le genoux ;
Que ce saint temple retentisse
De nos chants les plus doux :
Elevons vers lui nos cœurs :
Ouvrons-les à ses faveurs.
Il descend : l'amour le presse ;
Par un juste retour ,
Offrons nous-même à sa tendresse,
   Un cœur rempli d'amour.

A l'Élévation.

Sur l'air : *Dieu des âmes*, etc. N° 11.

O victime
De tout crime !
O Jésus Sauveur de tous !
Qui sans cesse,
Par tendresse,
Daignez être parmi nous.
Qu'on vous aime,
Pour vous-même :
Qu'à jamais tous les mortels,
Et s'empressent,
Et s'abaissent
Autour de vos saints autels.

Chœurs des Anges !
Nos louanges
Sont trop peu pour ses bienfaits :
Dans nos âmes
De vos flammes
Allumez les plus doux traits.
Que sa gloire,
Sa mémoire,
Son amour dans tous les temps,
D'un hommage
Sans partage
Reçoivent en tous lieux l'encens.

Autre pour l'Élévation.

Air N° 12.

Adorons tous, dans cette sainte Hostie,
Un Dieu fait chair pour nous donner la vie ;
Joignons nos voix aux chants des esprits bienheureux,
Avec eux offrons-lui nos respects et nos vœux.

Divin Jésus, notre unique espérance,
Contre l'enfer prenez notre défense;
Désarmez sa fureur, calmez nos passions,
Et répandez sur nous vos bénédictions.

Les effets de l'Amour divin.

Sur l'air : *Triste raison*, etc. N° 13.

DIVIN amour! ô que sous ton empire,
L'âme fidèle éprouve de douceurs!
Que sont les biens auxquels le monde aspire,
Auprès des biens dont tu remplis les cœurs?

Par ton secours tout est doux et facile,
Et rien ne coûte à qui ressent tes feux,
Tes vifs attraits rendent l'âme docile
Aux saints efforts, aux transports généreux.

J'aime avec toi mes malheurs et mes larmes;
Et la mort même a perdu son effroi;
Mon cœur en paix ne connoît plus d'alarmes!
Divin amour, à jamais règne en moi!

——————

POUR LA BÉNÉDICTION DU S.-SACREMENT.

Air N° 14.

JE vois s'ouvrir l'auguste tabernacle,
Sur cet autel paroit le Roi des cieux;
Heureux mortels! ce temple est un cénacle,
L'esprit d'amour le remplit de ses feux. (*bis.*)

Divin Jésus, mon âme s'abandonne
Aux saints transports qu'inspire ton amour :
O mon Sauveur ! tu m'offres ta couronne,
Et tu ne veux que mon cœur en retour.   (*bis.*)

Je suis à toi, mais quelle est ma faiblesse !
Répands sur moi ta bénédiction ;
Soutiens mon cœur, daigne par ta tendresse
Eterniser cette heureuse union.   (*bis.*)

Même sujet.

Air N 15.

Dans ce profond mystère
Où la Foi sait te voir,
Tout en nous te révère
Et fixe notre espoir.
A la fin de la vie !
Divine Eucharistie,
Nourris du pain de ton amour,
Dans la cité chérie
Nous te verrons un jour.

Puisse notre tendresse
Obtenir de ton cœur,
La sublime sagesse
Qui mène au vrai bonheur !
A la fin de la vie, etc.

Que tout en nous s'unisse
Pour chanter tes bienfaits ;
Que ta bonté bénisse
Nos vœux et nos souhaits.
A la fin de la vie, etc.

Sur nous daigne répandre
Tes bénédictions,
Et fais-nous bien comprendre
La grandeur de tes dons.
A la fin de la vie, etc.

Même sujet.

Air N° 16.

O Roi des Cieux !
Vous nous rendez tous heureux ;
Vous comblez tous nos vœux
En résidant pour nous dans ces lieux.

Prodige d'amour,
Dans ce séjour
Vous vous immolez pour nous chaque jour ;
A l'homme mortel,
Vous offrez un aliment éternel.
O Roi des Cieux ! etc.

Seigneur, vos enfans
Reconnaissans
Vous offrent les plus tendres sentimens ;
Leurs cœurs, sans retour,
Veulent brûler du feu de votre amour.
O Roi des Cieux ! etc.

Chantons tous en chœur
Gloire et honneur
A Jésus, notre aimable Rédempteur !
Chantons à jamais,
De son amour les éternels bienfaits.
O Roi des Cieux !

Même sujet.

Air N° 17.

RECUEILLONS-NOUS, le prodige s'opère ;
Jésus paraît, Jésus descend des cieux,

De sa présence il honore ces lieux :
   Je me prosterne et le révère ;
    Je l'adore et je croi.
      C'est mon Roi,
       C'est mon Père ;
      Le mystère
    Ne l'est plus pour moi.
  Une céleste lumière
      Brille et m'éclaire,
     Oui, je le voi.

Disparaissez, vains objets de la terre,
Vous n'aurez plus d'empire sur mon cœur,
Jésus sera ma joie et mon bonheur :
   Je veux le servir et lui plaire ;
    Je le prends pour mon Roi.
      C'est vers moi
      Qu'il s'abaisse ;
      Sa tendresse
    Réveille ma foi.
  Que sa bonté me bénisse !
    Que j'accomplisse
    Sa sainte loi !

Même sujet.

Air N° 18.

  Adorons ici notre Dieu,
C'est lui, chrétiens, rendons-lui notre hommage ;
   Que la foi perce le nuage
   Qui nous le cache en ce saint lieu.
Chœur. Que la foi, etc.

   Bénissez-nous, divin Jésus ;
Jetez sur nous un regard solitaire,
   Le doux regard d'un tendre Père,
   Ce regard qui fait vos élus.
Chœur. Le doux regard, etc.

Même sujet.

Air N° 19.

O PRODIGE d'amour ! spectacle ravissant !
Sous un pain qui n'est plus , Dieu cache sa présence ;
Ici, pour le pécheur, il est encor mourant ;
Le Ciel entier s'incline et l'adore en silence.
    Prosternez-vous, offrez des vœux ;
    Oui, mortels, c'est le Roi des cieux.

Non content d'expirer sur un infâme bois,
L'immortel Souverain de toute la nature,
Aux yeux de ses enfans , une seconde fois
S'immole, et tous les jours devient leur nourriture.
    Prosternez-vous, etc.

La croix ne nous cachoit que la divinité ,
L'Homme-Dieu tout entier s'éclipse en ce mystère :
Mais je l'y reconnois dans la réalité ,
C'est mon aimable Roi, c'est mon Dieu, c'est mon Père.
    Prosternez-vous, etc.

Sacrifice d'amour, ô temple ! ô saint autel !
D'où la foi fait jaillir la grâce du Calvaire ;
Puisse couler sur nous, en ce jour solennel ,
De son sang précieux la vertu salutaire !
    Prosternez-vous, etc.

O sacré monument de la mort du Sauveur,
Pain vivant, qui donnez la vie au vrai fidèle,
De mon âme soyez l'aliment , la douceur,
Qu'elle brûle pour vous d'une ardeur éternelle !
    Prosternez-vous, etc.

Jésus, qu'un voile obscur ici cache à mes yeux,
Satisfaites bientôt la soif qui me dévore,
Que je vous voie enfin dans ce royaume heureux
Où l'âme, à découvert, vous aime et vous adore.
    Oh! quand verrai-je ce beau jour
    Qui couronnera mon amour!

CANTIQUES

SUR DIFFÉRENS SUJETS DE PIÉTÉ ET DE MORALE.

***

Pour l'ouverture du Catéchisme.

Air N° 20.

SALUT, aimable et cher asile,
Où Dieu même instruit ses enfans,
Où des beautés de l'Évangile
Il charme leurs cœurs innocens;
Ce n'est plus au bruit du tonnerre
Qu'il vient leur annoncer ses lois;
C'est un Sauveur, un tendre Père,
Dont j'entends aujourd'hui la voix.

Ici, la Foi, de ses nuages
Semble, à nos yeux, se dégager;
Ici, nos cœurs sont moins volages,
Et le saint joug est plus léger.
Ici, par sa force secrète,
L'exemple soutient nos travaux :
Tels savent braver la tempête,
En s'unissant, les arbrisseaux.

Dans tes murs, ô doux sanctuaire !
Pour moi le ciel a plus d'attraits ;
Plus vive y monte ma prière,
Plus prompts descendent ses bienfaits.
Ah ! pour cette troupe nombreuse,
Qu'ici commence le beau jour
Où des saints la famille heureuse
Vivra, Seigneur, de ton amour !

Avantages de l'étude de la Religion.

Air : *Des simples jeux de mon enfance.* N° 21.

Le temps échappe comme un songe,
Chacun de nos jours est compté,
Et l'homme, ardent pour le mensonge,
Se lasse à fuir la vérité.
Science, trompeuse lumière,
Non, vous ne m'éblouirez plus,
Fuyez, fuyez ; la Foi m'éclaire,
Je ne veux savoir que Jésus. Science, etc. (*bis*

L'insensé, dans ses longues veilles,
Seigneur, a mesuré les Cieux :
Hélas ! un monde de merveilles
Ne te montre point à ses yeux.   Science, etc

Pour une gloire fugitive,
Du Ciel il détache son cœur;
Mais tout à coup la mort arrive :
Il s'éveille, et voit son erreur.   Science, etc.

En vain la louange l'honore,
Sa poussière ne l'entend pas ;
Et dans l'enfer qui le dévore,
Qui peut le soustraire à ton bras ? Science, etc

Regrets sur les Enfans qui abandonnent trop tôt le Catéchisme.

Sur l'air : *Père de l'Univers.* N° 22.

GRAND Dieu ! tous ces enfans formés à ton école,
Qui naguère avec nous partageoient tes leçons,
Que tu daignois nourrir du pain de ta parole,
    Hélas ! en vain nous les cherchons.

Qu'a servi du Pasteur la tendresse attentive ?
Malheureux, il n'a pu les fixer sous ses lois :
Il les appelle en vain, leur troupe fugitive
    Ne veut plus entendre sa voix.

Ingrats ! souvenez-vous de ce jour mémorable
Qui nous vit tous ensemble autour du saint autel,
À ce Dieu, qui daignait nous admettre à sa table,
    Promettre un amour éternel.

Comme nous à ses pieds, les yeux baignés de larmes,
Vous juriez que toujours vous seriez ses enfans ;
Que ses leçons pour vous auroient toujours des charmes ;
    Où sont vos pleurs et vos sermens ?

Revenez parmi nous ; vous ne pouvez attendre
Dans ce monde où déjà vous portent vos désirs,
Ni de bonheur plus pur, ni d'amitié plus tendre,
    Ni de plus innocens plaisirs.

Sentimens de reconnoissance et d'amour.

Sur l'air : *Des simples jeux de mon enfance*, etc. N° 21.

SEIGNEUR, dès ma première enfance,
Tu me prévins de tes bienfaits;
Heureux si ma reconnoissance
Dans mon cœur les grave à jamais!
Le monde trompeur et volage
En vain m'offriroit sa faveur :
Je n'en veux point; tout mon partage
Est de n'aimer que le Seigneur.

Dieu règne en père dans mon âme,
Il en remplit tous les désirs,
Et l'amour pur dont il m'enflamme
Vaut seul mieux que tous les plaisirs.
   Le monde, etc.

Si je m'égare, il me rappelle;
Si je tombe, il me tend la main;
Il me protége sous son aile;
Il me renferme dans son sein.
   Le monde, etc.

Si je suis constant et fidèle
A conserver son saint amour,
Une récompense éternelle
M'attend dans son divin séjour.
Le monde trompeur et volage
En vain m'offriroit sa faveur :
Je n'en veux point; tout mon partage
Est de n'aimer que le Seigneur.

Bonheur d'un Enfant Chrétien.

Sur l'air : *Mes chers enfans, unissez-vous.* Nº 23.

HEUREUX ! bienheureux mille fois
Un enfant que le Seigneur aime,
Que le Seigneur daigne instruire lui-même,
Qui de bonne heure est docile à sa voix !
Il est orné, dès sa naissance,
Des plus rares présens des Cieux,
Et du méchant l'abord contagieux
N'altère point son innocence.

Tel que dans un secret vallon
Croît sur le bord d'une onde pure
Un jeune lis, l'amour de la nature,
Loin des fureurs du cruel Aquilon.
Il est orné, dès sa naissance,
Des plus rares présens des Cieux,
Et du méchant l'abord contagieux
N'altère point son innocence.

Même sujet.

Sur l'air : *Nous n'avons qu'un temps à vivre,* etc. Nº 24.

HEUREUX qui, dès son enfance,
Soumis aux lois du Seigneur,
N'a pas avec l'innocence
Perdu la paix de son cœur !
Chéri de celui qu'il adore,
Son bonheur le suit en tout lieu ;
Que peut-il désirer encore,
Quand il se voit l'ami d'un Dieu ?
Heureux qui, etc.

En vain la fortune couronne
Du pécheur les moindres désirs ;
Le remords cruel empoisonne
Les plus vantés de ses plaisirs.
   Heureux qui, etc.

Qui se laisse prendre à tes charmes,
Trop séduisante volupté,
Paiera bientôt de ses larmes
Les douceurs qu'il aura goûté.
   Heureux qui, etc.

Le moment d'une folle ivresse
Fait place à celui des regrets ;
Ce bonheur qu'il poursuit sans cesse,
Le mondain ne l'aura jamais.
   Heureux qui, etc.

Seigneur, de ma tranquille vie
Rien ne sauroit troubler le cours ;
La paix ne peut être ravie
A qui veut vous aimer toujours.
   Heureux qui, etc.

Le monde étale sa richesse,
Et ses biens ne m'ont point tenté ;
J'ai le trésor de la sagesse
Dans le sein de la pauvreté.
   Heureux qui, etc.

La Croix où mon Jésus expire
Change mes peines en douceurs :
Si quelquefois mon cœur soupire,
C'est que je songe à ses douleurs.
   Heureux qui, etc.

L'espoir d'une gloire immortelle
Et d'un bonheur toujours nouveau
Sème de fleurs pour le Fidèle
Les bords si tristes du tombeau.
    Heureux qui, etc.

Mon Dieu, j'y descendrai sans crainte,
Espérant, des bras de la mort,
Voler vers ta demeure sainte,
En chantant dans un doux transport :
    Heureux qui, etc.

Même sujet.

Sur l'air : *Ah ! vous dirai-je, maman*, etc. N° 25.

O DIGNE objet de mes chants,
Daigne écouter mes accens ;
Donne-moi cet amour tendre
Qui seul se fait bien entendre ;
Règne à jamais sur mon cœur ;
T'aimer, c'est tout mon bonheur.

Ah ! Seigneur, à te servir
Que je trouve de plaisir !
Si mes yeux versent des larmes,
Mon cœur y trouve des charmes ;
L'amour repand des douceurs
Sur l'amertume des pleurs.

Monde, tu donnes la loi
A ceux qui vivent pour toi ;
Mais que peux-tu sur une âme
Que l'amour divin enflamme ?
Va, je connois tes douceurs ;
Que d'épines sous tes fleurs !

Le Seigneur est mon appui ,
Mon espérance est en lui :
Oui , je connois sa tendresse ,
Il me tiendra sa promesse ;
Une couronne m'attend ,
Si je l'aime constamment.

Hélas ! je languis d'amour
Dans l'attente de ce jour ,
Quand le céleste héritage
Deviendra-t-il mon partage ?
Ah ! serai-je assez heureux
Pour voir combler tous mes vœux ?

Heureux qui garde ses sens
Et qui combat ses penchans !
O Cieux , chantez sa victoire !
Il régnera dans la gloire ,
C'est là le prix des vertus
Que Dieu donne à ses élus.

Si vous craignez le combat ,
De ce prix voyez l'éclat.
Ah ! quittez enfin le crime ,
Vous en seriez la victime ;
Dieu , las de tant de délais ,
Frappe enfin , mais pour jamais.

Résolution de quitter le vice et de se donner à la vertu.

Sur l'air : *Militaire du Drapeau.* N° 26.

LE dessein en est pris ;
C'est fait , je veux à tout prix

Suivre de mon **Dieu** la voix ,
Vivre constamment sous ses lois.
Quand l'enfer uniroit
Sa puissance ,
Rien n'ébran'eroit
Ma constance ;
Du vice à jamais.
Je détesterai les attraits.

Je veux fuir pour toujour s
L'écueil des folles amours ,
Et tout plaisir criminel
Qui fut à mes mœurs si mortel.
Non , ni l'impureté ,
La mollesse ,
Ni la volupté ,
Ni l'ivresse ,
Malgré leur douceur ,
Ne pourront plus rien sur mon cœur.

Non , jamais vain serment ,
Blasphême, faux juremens
Mensonge , ni ses détours ,
Ne profaneront mes discours.
Les termes indécens ,
Les parjures ,
Les traits médisans ,
Les injures ,
Les mauvais souhaits
En seront bannis pour jamais !

Je veux garder la foi
Que j'ai promise à mon Roi ,
Au bien porter mes amis ,
Pardonner tous mes ennemis.
Le vol , la lâcheté ,
L'injustice ,

De l'impiété
La malice,
Seront à mes yeux
Des objets toujours odieux.

O Dieu de sainteté !
Ma force et ma fermeté,
Sans l'ombre de ton secours,
Se démentiroient pour toujours.
Achève, Dieu puissant,
Ton ouvrage ;
Soutiens constamment
Mon courage,
Daigne, sans retour,
Me fixer dans ton saint amour.

Vanités du monde.

Même air.

Tout n'est que vanité,
Mensonge, fragilité,
Dans tous ces objets divers
Qu'offre à nos regards l'univers ;
Tous ces brillans dehors,   Cette pompe,
Ces biens, ces trésors :   Tout nous trompe,
Tout nous éblouit ;
Mais tout nous échappe et nous fuit.

Telles qu'on voit les fleurs,
Avec leurs vives couleurs,
Eclore, s'épanouir,
Se faner, tomber et périr :
Tel est des vains attraits   Le partage,
Tel l'éclat, les traits   Du bel âge,
Après quelques jours
Perdent leur beauté pour toujours.

En vain pour être heureux,
Le jeune voluptueux
Se plonge dans les douceurs
Qu'offrent les mondains séducteurs :
Plus il suit les plaisirs   Qui l'enchantent,
Et moins ses plaisirs   Le contentent.
Le bonheur le fuit
A mesure qu'il le poursuit.

Que doivent devenir,
Pour l'homme qui doit mourir,
Ces biens long-temps ramassés,
Cet argent, cet or entassés ?
Fût-il du genre humain   Seul le maître,
Pour lui tout enfin   Cesse d'être ;
Au jour de son deuil,
Il n'a plus à lui qu'un cercueil.

Que sont tous ces honneurs,
Ces titres, ces noms flatteurs ?
Où vont de l'ambitieux
Les projets, les soins et les vœux ?
Vaine ombre, pur néant,   Vil atôme,
Mensonge amusant,   Vrai Fantôme
Qui s'évanouit
Après qu'il l'a toujours séduit.

Tel qui voit aujourd'hui
Ramper au-dessous de lui
Un peuple d'adorateurs,
Qui brigue à l'envi ses faveurs :
Tel devenu demain   La victime,
D'un revers soudain   Qui l'opprime ;
Nouveau malheureux,
Est esclave et rampe comme eux.

J'ai vu l'impie heureux
Porter son air fastueux

2*.

Et son front audacieux
Au-dessus du cèdre orgueilleux ;
Au loin tout révérait   Sa puissance,
Et tout adorait   Sa présence ;
Je passe, et soudain
Il n'est plus ; je le cherche en vain.

Que sont donc devenus
Ces grands, ces guerriers connus ;
Ces hommes dont les exploits
Ont soumis la terre à leurs lois ?
Les traits éblouissans   De leur gloire,
Leurs noms florissans, Leur mémoire,
Avec les héros
Sont entrés au sein des tombeaux.

Au savant orgueilleux
Que sert un génie heureux,
Un nom devenu fameux,
Par mille travaux glorieux ?
Non, les plus beaux talens, L'éloquence,
Les succès brillans,   La science,
Ne servent de rien
A qui ne sait vivre en Chrétien.

Arbitre des humains,
Dieu seul tient entre ses mains
Les événemens divers
Et le sort de tout l'Univers ;
Seul, il n'a qu'à parler, Et la foudre
Va frapper, brûler,   Mettre en poudre
Les plus grands héros,
Comme les plus vils vermisseaux.

La mort, dans son courroux,
Dispense à son gré ses coups,
N'épargne ni le haut rang,
Ni l'éclat auguste du sang.

Tout doit un jour mourir ,   Tout succombe ,
Tout doit s'engloutir   Dans la tombe ;
        Les sujets , les rois ,
    Iront se confondre à la fois.

        Oui , la mort , à son choix ,
        Soumet tout âge à ses lois ;
        Et l'homme ne fut jamais
    A l'abri d'un seul de ses traits :
Comme sur son retour ,   La vieillesse ,
Dans son plus beau jour , La jeunesse ,
        L'enfance au berceau ,
    Trouvent tour à tour leur tombeau .

        O combien malheureux
        Est l'homme présomptueux
        Qui dans ce monde trompeur
    Croit, pouvoir trouver son bonheur !
Dieu seul est immortel ,   Immuable ,
Seul grand , éternel ,   Seul aimable ;
        Avec son secours ,
    Soyons à lui seul pour toujours.

Même sujet.

Sur l'air : *Je l'ai planté*, etc. N° 27.

Du Créateur l'homme est l'image ;
Il devrait donc se souvenir
Que c'est gâter ce bel ouvrage
Que de chercher à l'embellir.

Ah ! loin de moi cette parure
Et ce profane ajustement
Qui veut réformer la nature
Et faire insulte au Tout-Puissant !

Le monde suit d'autres maximes ;
D'un faux éclat il veut briller :
Laissons-lui parer ses victimes ;
Bientôt on va les immoler.

Leur gloire sera passagère ;
Considérez-en le tableau ;
C'est une ombre vaine et légère
Qui voltige autour du tombeau.

Chrétiens, la voilà cette pompe
Que la Religion proscrit ;
Comment se peut-il qu'elle trompe
Des Disciples de Jésus-Christ ?

Mais l'êtes-vous ? le puis-je croire ?
Quittez donc ce faste trompeur :
Le vrai Chrétien ne met sa gloire
Que dans la Croix de son Sauveur.

Ses épines sont sa couronne,
Sa Croix sainte fait tout son bien ;
Auprès d'elle l'éclat du trône
S'éclipse, ne lui paroît rien.

Le monde aura beau lui sourire,
Ses charmes vains et dangereux
Ne pourront jamais le séduire ;
La Foi seule brille à ses yeux.

Avantages de l'Innocence.

Air N° 28.

TENDRES enfans, aux délices perfides,
Aux faux plaisirs n'ouvrez point votre cœur :
C'est en Dieu seul que sont les biens solides ;
Sans son amour il n'est point de bonheur.

Par quels attraits le crime, et par quels charmes,
Peut-il, hélas ! pervertir tant de cœurs ?
Les noirs remords, les mortelles alarmes
Suivent toujours les traces des pécheurs.

Le sort du juste est bien plus désirable ;
De son bonheur rien n'arrête le cours,
Sa joie est pure et sa paix véritable,
Ses jours pour lui ne sont que d'heureux jours.

Chéri de Dieu, toujours à Dieu fidèle,
Des saints trésors qu'il gagne chaque jour
Il enrichit la couronne immortelle.
Que le Seigneur réserve à son amour.

Pour les pécheurs la mort si redoutable,
S'offre à ses yeux sous des traits de douceur :
Il meurt tranquille, et d'un sommeil aimable
Il passe au sein du Dieu son Créateur.

Enfans, dont l'âme est innocente et pure,
Ah ! si jamais même un seul de vos jours
Doit du péché connoître la souillure,
Qu'une mort prompte en abrège le cours.

Charmes de la Modestie.

Air N° 28.

Descends des cieux, aimable modestie ;
Viens, viens régner, par tes chastes attraits.
Si Babylone et t'outrage et t'oublie,
Nos cœurs du moins ne t'oubliront jamais.

Sainte pudeur, comment peindre tes charmes ?
L'âme innocente est en paix sous ta loi
Le méchant cède à tes puissantes armes ;
La beauté même est plus belle avec toi.

Ah ! loin d'ici, trop coupables parures ;
Nos Anges saints fuiroient de toutes parts.
De Dieu sur nous, vertu des âmes pures,
Fixe toujours l'amour et les regards.

Sentimens de piété.

Sur l'air : *O toi qui n'eûs jamais dû naître.*

Air N° 29.

Puisque mon cœur sensible et tendre
A l'amour ne peut résister,
Loin de vouloir le lui défendre,
Je veux chercher à l'augmenter :
Mais ce n'est qu'à l'Etre Suprême
Que je consacre mon ardeur,
Aimer mon Dieu plus que moi-même,
Voilà ma gloire et mon bonheur.

Disparoissez, cendre et poussière ;
Vains objets, je m'arrrache à vous ;
Dieu veut mon âme tout entière,
Il a droit d'en être jaloux ;

C'est à régner qu'il me destine ;
Il est mon Père, il est mon Roi ;
Fier d'une si noble origine,
Je vois tout au-dessous de moi.

O ciel ! ô terre ! ô mer féconde !
Astres, fleurs, plantes, animaux,
Qui faites l'ornement du monde,
Nos êtres sont bien inégaux !
Vous existez tous sans connoître
La main de votre Créateur ;
L'homme seul adorant son Maître,
L'honore en lui donnant son cœur.

Que dis-je ? hélas ! dans ce partage
Si je suis beaucoup plus aimé,
Je dois rougir de l'avantage
Que j'ai sur l'être inanimé :
Sans connoissance, mais sans crime,
A son auteur il est soumis ;
Et je ne puis sonder l'abime
De tous les maux que j'ai commis.

O monstre affreux d'ingratitude !
Un Dieu saint, juste et tout-puissant
Par le supplice le plus rude
Ne te punit que foiblement ;
Oui, dans l'enfer, lieu de misère,
Gouffre d'une éternelle horreur,
S'il te fait sentir sa colère,
Il te montre encor sa douceur.

L'enfer... voilà le sort terrible
Qui m'attend après mon trépas ;
O Ciel ! êtes-vous inflexible ?
Mes pleurs ne vous touchent-ils pas ?

Qu'entends-je ? une voix favorable
Me promet un Libérateur,
Qui, ne pouvant être coupable,
Prendra la forme d'un pécheur.

Verbe divin, Dieu par essence,
Egal au Père en dignité,
Le terme de sa connoissance,
Engendré dans l'éternité,
Par un mystère inexplicable
Que l'on honore par la Foi,
Sans perdre votre être adorable,
Vous vous rendez semblable à moi.

Bannissons de nos cœurs la crainte,
Le Seigneur n'est plus irrité ;
Le sang de la Victime sainte
Est un garant de sa bonté :
Son Fils nous le rendit propice,
Lorsqu'il consentit à mourir,
Et sa formidable justice
Ne trouve plus rien à punir.

Mais quel noir retour de tristesse
Me force à répandre des pleurs !
Grand Dieu, pourquoi votre tendresse
Nous comble en vain de ses faveurs ?
L'homme, par le plus grand des crimes,
Court après des Dieux imposteurs ;
Il leur immole des victimes,
Et rend hommage à ses erreurs.

Vos desseins sont impénétrables ;
Peut-on y penser sans frayeur ?
Aussi terribles qu'équitables,
Adorons-en la profondeur.

Qu'ai-je fait? et par quel mérite
Ai-je trouvé grâce à vos yeux ?
C'est votre bonté gratuite
Qui se plaît à me rendre heureux.

Par un amour de préférence,
Pécheur nécessaire en naissant,
Vous me rendez mon innocence,
Et m'adoptez pour votre enfant :
Vous me placez dans votre Eglise,
Où, détestant la nouveauté,
Mon âme en paix, humble et soumise,
Se nourrit de la vérité.

Je tremble et tombe en défaillance ;
Vous voulez entrer dans mon cœur :
Pourquoi craindrois-tu ma présence?
Me dites-vous avec douceur.
Je m'accommode à ta faiblesse,
Je te voile ma majesté ;
Viens à moi , mon amour me presse
De faire ta félicité.

Je sens toute mon impuissance
A reconnaitre ce bienfait ;
Pour payer un amour immense ,
Je n'ai qu'un amour imparfait ;
O feu sacré ! divine flamme !
Qu'attendez-vous de m'enflammer?
Je livre à vos ardeurs mon âme ;
Hâtez vous de la consumer.

Élévations à Dieu à la vue des Créatures.

Sur l'air : *Mon honneur dit*, etc. Nᵒ 3o.

Du Roi des Cieux tout célèbre la gloire,
Tout à mes yeux peint un Dieu créateur ;
De ses bienfaits perdrois-je la mémoire ?
Tout l'Univers m'annonce son Auteur :
L'astre du jour m'offre par sa lumière
Un foible trait de sa vive clarté :
Au bruit des flots, à l'éclat du tonnerre,
Je reconnois le Dieu de majesté.

Charmans oiseaux de ce riant bocage,
Chantez, chantez, redoublez vos concerts :
Par vos accens rendez un digne hommage
Au Dieu puissant qui régit l'univers :
Par vos doux sons, votre tendre ramage,
Vous m'inspirez l'innocence et la paix,
Et vos plaisirs du moins ont l'avantage,
Que les remords ne les suivent jamais.

Aimables fleurs qui parez ce rivage,
Et que l'aurore arrose de ses pleurs,
De la vertu vous me tracez l'image,
Par l'éclat pur de vos vives couleurs :
Si vous séchez où l'on vous voit éclore,
Et ne brillez souvent qu'un jour ou deux,
Votre parfum après vous dure encore,
De la vertu symbole précieux.

Charmant ruisseau qu'on voit, dans la prairie,
Fuir, serpenter, précipiter ton cours,
Tel est, hélas, celui de notre vie :
Comme tes eaux s'écoulent nos beaux jours ;

Tu vas te perdre, à la fin de ta course,
Au sein des mers d'où rien jamais ne sort ;
Et tous nos pas, ainsi dès notre source,
Toujours errans nous mènent à la mort.

Petit mouton qui pais dans cette plaine,
Que tu me plais par ta docilité !
Au moindre mot du berger qui te mène,
On te voit suivre avec fidélité ;
Si des Pasteurs, choisis pour nous conduire,
Nous écoutions comme toi la leçon,
Des loups cruels voudroient en vain nous nu're :
Tu suis l'instinct mieux que nous la raison.

Cher papillon qui, d'une aile légère,
De fleur en fleur voles sans t'arrêter,
De nos désirs tel est le caractère :
Aucun objet ne peut nous contenter ;
Nous courons tous de chimère en chimère
Croyant toujours toucher au vrai bonheur ;
Mais, ici-bas, c'est en vain qu'on l'espère,
Et Dieu peut seul remplir tout notre cœur.

Les Créatures invitées à bénir le Seigneur.

Air N° 31.

Bénissez le Seigneur suprême,
Petits oiseaux ; dans vos forêts,
Dites sous ces ombrages frais,
    Dieu mérite qu'on l'aime.

Doux rossignols, dites de même,
Ou tous ensemble, ou tour à tour,
Et que les échos d'alentour
    Vous répondent qu'on l'aime.

Triste et plaintive tourterelle,
Bénissez Dieu, rien n'est si doux ;
Je devrois plus gémir que vous,
    Car je suis moins fidèle.

Paissez, moutons, en assurance,
Et bénissez le Bon Pasteur !
Voit-il en moi votre douceur ?
    Ah ! quelle différence !

Tendres zéphirs, qui, dans nos plaines,
Murmurez si paisiblement,
Bénissez-le à chaque moment
    Par vos douces haleines.

Entre ces deux rives fleuries
Bénissez Dieu, petits ruisseaux ;
Tout passe, hélas ! comme votre eau
    Passe dans les prairies.

Dans ces beaux lieux tout est fertile,
J'y vois des fruits, j'y vois des fleurs.
Je le dis en versant des pleurs,
    Je suis l'arbre stérile.

Charmantes fleurs, un jour voit naître
Et mourir cet éclat si doux ;
Je mourrai bientôt après vous,
    Plus tôt que vous peut-être.

Je vois briller l'aimable étoile
Qui luit le matin et le soir ;
Mon Dieu, quand pourrai-je vous voir
    Face à face et sans voile ?

Mer en courroux, mer implacable,
Je dois bien craindre le Seigneur;
Ainsi que vous dans sa fureur
  Il est inexorable.

Tonnerre, éclairs, bruyante foudre,
Marquez son pouvoir, sa grandeur.
Dieu peut confondre le pécheur,
  Et le réduire en poudre.

Comme le cerf court aux fontaines,
Pressé de soif et de chaleur,
Ainsi je cours à vous, Seigneur,
  Adoucissez mes peines.

Que le soleil et que l'aurore,
Les campagnes et les moissons,
Les rivières et les poissons,
  Qu'enfin tout vous adore.

Dieu tout-puissant, en qui j'espère,
Soyez toujours mon protecteur;
Je suis un ingrat, un pécheur,
  Mais vous vous êtes mon Père.

Le Seigneur béni spécialement dans les oiseaux.

Sur l'air : *Que ne puis-je, ô Roi de gloire, etc.* N° 32.

Bénissez le divin Maitre,
Oiseaux qui peuplez les airs !
Seul votre Auteur, il doit être
L'objet seul de vos concerts :
Devenez les interprètes
Des êtres inanimés,
Prêtez à leurs voix muettes
Tous les sons que vous formez.

La fraîcheur de vos feuillages,
L'écho qui redit vos chants ;
Vos retraites, vos ombrages,
De sa main sont des présens ;
Il émaille vos plumages ;
Il vous enrichit d'appas ;
Il vous donne vos ramages,
Ne le chanteriez-vous pas ?

Quand le jour, à la nature
Rendant ses vives clartés,
Vient de toute créature
Vous dépeindre les beautés ;
Du Seigneur à vos bocages
Racontez les doux bienfaits ;
Dites-leur que ces ouvrages
Près de lui sont sans attraits.

Quand la nuit étend ses voiles
Sur la terre et sur les cieux,
Et que les feux des étoiles
Se dérobent à nos yeux ;
Apprenez aux rives sombres
Aux collines d'alentour,
Que c'est lui qui fit les ombres
Comme la splendeur du jour.

Echappés de vos asiles,
Dans un jour serein et pur,
Quand, par vos essors agiles,
Du ciel vous fendez l'azur ;
Annoncez au loin sa gloire,
Aux bords, aux êtres divers :
Remplissez de sa mémoire
Le vide immense des airs.

.Quand de vos ailes légères,
Suivant le rapide essor,
Vers des rives étrangères,
Vous tentez un autre sort:
N'y volez que pour étendre
Sa puissance et sa grandeur,
N'y chantez que pour apprendre
Son amour et sa douceur.

CANTIQUES

POUR LES DIMANCHES ET FÊTES DE L'ANNÉE.

Pour la Fête de tous les Saints.

Sur l'air : *Père de l'Univers*, etc. N° 22.

O vous, que dans les Cieux unit la même gloire,
Notre hommage en ce jour vous unit ici-bas :
Dans de pieux transports nous chantons la victoire
Dont Dieu couronne vos combats.

Pleins du céleste amour, au sein de la sagesse,
Vous goûtez à longs traits les plus chastes plaisirs;
Votre âme s'y repaît, dans une sainte ivresse,
Du seul objet de vos désirs.

Elevé sur un trône où l'entourent des flammes,
L'immense se complaît dans ses propres grandeurs :
Prodigue envers ses saints, il s'unit à leurs âmes,
    Et les remplit de ses faveurs.

Sur l'autel où Dieu brille armé de son tonnerre,
L'agneau paroît couvert de son sang précieux ;
La victime une fois offerte sur la terre,
    S'offre sans cesse dans les Cieux.

Investis des rayons de sa gloire suprême,
Devant Dieu les vieillards sont toujours prosternés,
Et mettent à ses pieds l'auguste diadême.
    Dont sa main les a couronnés.

De l'Epoux éternel, la Vierge épouse et mère,
Brille au-dessus des Saints au céleste séjour,
Et de Dieu courroucé désarme la colère
    Par le Fils qu'elle mit au jour.

Vos éclatantes voix, comme autant de trompettes,
Saints Apôtres, au monde annoncent son Sauveur ;
Et vous les unissez aux concerts des Prophètes,
    Pour rendre hommage à sa grandeur.

Vierges, et vous Martyrs, teints du sang adorable,
Les palmes à la main, vous mêlez tous vos voix,
Et chantez à l'envi ce Cantique admirable :
    Trois fois Saint est le Roi des Rois.

Saints Pontifes de Dieu ! désormais sans alarmes,
Vos soins sur vos troupeaux ont cessé pour jamais :
Vous voyez, Pénitens, succéder à vos larmes
    La joie et l'éternelle paix.

Là, Sion retentit d'une sainte harmonie ;
Ici dans notre exil, nous poussons des soupirs,
Nos instrumens, nos voix hors de notre patrie,
    Tout se refuse à nos désirs.

Grand Dieu ! quand finira notre triste carrière,
Pour nous unir aux Saints pendant l'éternité ?
Et quand jouirons-nous de ta vive lumière,
    Sans voile et sans obscurité ?

Nous ne te verrons plus sous d'obscures images,
Quand nous serons reçus au sein de tes grandeurs :
Ah ! c'est alors, Seigneur, que nos yeux sans nuages
    Verront les traits de tes splendeurs.

Citoyens de Sion, purs esprits, chœurs des Anges,
Vous qui régnez au sein de l'immortalité,
Daignez offrir nos vœux, nos chants et nos louanges
    Aux pieds de la Divinité.

O Saints ! qui nous voyez exposés au naufrage,
Sauvez-nous du péril, assurez notre sort,
Conduisez-nous enfin à l'heureux héritage
    Où conduit une sainte mort.

Autre pour le même Fête.

Air N° 33.

CHANTONS les combats et la gloire
Des Saints, nos illustres aïeux :
Ils ont remporté la victoire,
Ils sont couronnés dans les cieux :
Il n'est plus pour eux de tristesse,
Plus de soupirs, plus de douleurs,
Ils moissonnent dans l'allégresse
Ce qu'ils ont semé dans les pleurs.

Objets des tendres complaisances
De l'Éternel, du Tout-Puissant,
Ses grandeurs sont leur récompense,
Son amour est leur aliment.
Ce divin Soleil de justice
Toujours échauffe, toujours luit,
Sans que jamais il s'obscurcisse ;
C'est dans le ciel un jour sans nuit.

Là, d'une splendeur éternelle
Brillent les martyrs triomphans,
Et dans une gloire immortelle
Règnent les confesseurs constans :
Les vierges offrent leurs couronnes,
Les époux leur fidélité,
Le riche montre ses aumônes,
Et le pauvre sa piété.

Là, d'une charité parfaite
Tous les bienheureux sont unis ;
De cette paisible retraite
Tous les envieux sont bannis.
Il n'est plus de sollicitude
Qui trouble leur félicité
Ils sont dans une quiétude
Qui remplira l'éternité.

Grands Saints, vous êtes nos modèles,
Nous serons vos imitateurs ;
Nous voulons vous être fidéles,
Daignez être nos protecteurs.
Puissions-nous, marchant sur vos traces,
Etre toujours à Dieu soumis !
Sollicitez pour nous ses grâces,
Puisque vous êtes ses amis.

Vous habitez votre patrie,
Et nous errons comme étrangers ;
Votre sort est digne d'envie,
Et le nôtre plein de dangers :
Vous fûtes tout ce que nous sommes,
Au mal exposés comme nous ;
Demandez au Sauveur des hommes
Qu'un jour nous régnions avec vous.

Autre pour la même Fête.

SUR LE CIEL.

Air N° 34.

SAINTE cité, demeure permanente,
Sacré palais qu'habite le grand Roi,
Où doit un jour régner l'âme innocente,
Quoi de plus doux que de penser à toi !
    O ma patrie !
    O mon bonheur !
    Toute ma vie   } *bis.*
    Sois le vœu de mon cœur.

Dans tes parvis tout n'est plus qu'allégresse ;
C'est un torrent des plus chastes plaisirs,
On ne ressent ni peine ni tristesse,
On ne connoît ni plaintes ni soupirs.
    O ma patrie ! etc.

Tes habitans ne craignent plus d'orage ;
Ils sont au port, ils y sont pour jamais ;
Un calme entier devient leur doux partage.
Dieu dans leur cœur verse un fleuve de paix.
    O ma patrie ! etc.

De quel éclat ce Dieu les environne !
Ah ! je les vois tout brillans de clarté !
Rien ne sauroit y flétrir leur couronne :
Leur vêtement est l'immortalité.
        O ma patrie ! etc.

Pour les élus il n'est point d'inconstance ,
Tout est soumis au joug du saint amour ;
L'affreux péché n'a plus là de puissance :
Tout bénit Dieu dans cet heureux séjour.
        O ma patrie ! etc.

Beauté divine , ô beauté ravissante !
Tu fais l'objet du suprême bonheur :
O quand naîtra cette aurore brillante
Où nous pourrons contempler ta splendeur !
        O ma patrie ! etc.

Puisque Dieu seul est notre récompense,
Qu'il soit aussi la fin de nos travaux !
Dans cette vie un moment de souffrance
Mérite au Ciel un éternel repos.
        O ma patrie ! etc.

Même sujet.

Air *du petit Matelot.* N° 35.

Vers les collines éternelles ,
Portons nos regards , nos soupirs ;
Que les récompenses mortelles
Réveillent d'immortels désirs.
Fixons ce jour, si doux à croire ,
Où , se donnant à ses élus ,
Dieu couronnera dans la gloire
Ses propres dons et leurs vertus.

Quel spectacle rempli de charmes !
Qu'il est consolant pour nos cœurs !
Dieu lui-même essuyant les larmes
De ses fidèles serviteurs.
Chère Sion, ô Cité sainte !
Que tes palais sont ravissans !
Ah ! quand enfin dans ton enceinte
Uniras-tu tous tes enfans ?

Doux espoir, ô brillante aurore !
Quand, fuyant la nuit du tombeau,
Nous verrons le bonheur éclore
Aux feux de ton divin flambeau :
Alors, mon Dieu, libres de chaines
Assis sur ses bords enchantés,
Nous boirons l'oubli de nos peines
Au torrent de tes voluptés.

Oui, mon Dieu, voilà ta promesse,
Et le sort heureux qui m'attend ;
Mais je succombe à ma foiblesse
Sans l'appui de ton bras puissant.
Les vertus qui forment ton trône,
Je puis les chanter en ce jour ;
Mais ton amour seul nous les donne,
Et j'ose implorer ton amour.

Pour la Présentation de la Sainte Vierge.

Sur l'air : *De tout un peu.* Nº 2.

DANS nos concerts,
Bénissons le nom de Marie,
Dans nos concerts,
Consacrons-lui nos chants divers.
Que tout l'annonce et le publie,
Et que jamais on ne l'oublie
Dans nos concerts.

Qu'un nom si doux
Est consolant! qu'il est aimable!
Qu'un nom si doux
Doit avoir de charmes pour nous!
Après Jésus, nom adorable,
Fut-il rien de plus délectable
Qu'un nom si doux !

Ce nom sacré
Est digne de tout notre hommage,
Ce nom sacré
Doit être partout honoré.
Qu'il puisse toujours d'âge en âge,
Être révéré davantage,
Ce nom sacré !

Nom glorieux,
Que tout respecte ta puissance,
Nom glorieux,
Et sur la terre et dans les Cieux !
De Dieu tu calmes la vengeance,
Tu nous assures sa clémence,
Nom glorieux !

Par ton secours,
L'âme à son Dieu toujours fidèle,
Par ton secours,
Dans la vertu coule ses jours.
Sa ferveur, son amour, son zèle,
Se nourrit et se renouvelle
Par ton secours.

Pour la même Fête.

CONSÉCRATION A LA SAINTE VIERGE.

Air : *J'engageai ma promesse.* N° 35.

JE veux célébrer par mes louanges,
Les grandeurs de la Reine des cieux.
M'unissant aux doux concerts des Anges,
Je m'engage à la chanter comme eux.
  Je m'engage, etc.

Sur vos pas, ô divine Marie,
Plus heureux qu'à la suite des rois,
Dès ce jour, et pour toute ma vie,
Je m'engage à vivre sous vos lois.
  Je m'engage, etc.

Si du monde écoutant le langage,
Des plaisirs j'ai suivi les attraits,
A me donner à vous sans partage,
Je m'engage aujourd'hui pour jamais.
  Je m'engage, etc.

Par un culte fidèle et sincère,
Par un vif et généreux amour,
A servir, à chérir une Mère,
Je m'engage aujourd'hui sans retour.
  Je m'engage, etc.

Mère sensible et compatissante,
Soutenez, au milieu des combats,
Les efforts d'une âme chancelante
Qui s'engage à marcher sur vos pas.
  Qui s'engage, etc.

Unissez vos voix, peuple fidèle,
Aux accords des Esprits bienheureux,
Pour chanter les louanges de celle
Qui s'engage à combler tous nos vœux.
  Qui s'engage, etc.

Pour le premier Dimanche de l'Avent.

Noël, sur l'air : *J'ai l'ai planté, je l'ai vu naître,* etc.
N° 27.

LE Dieu que nos soupirs appellent
Hélas ! ne viendra-t-il jamais ?
Les siècles qui se renouvellent
Accompliront-ils ses décrets ?

Le verrons-nous bientôt éclore
Ce jour promis à notre foi ?
Viens dissiper, brillante aurore,
Les ombres de l'antique Loi.

C'en est fait, le moment s'avance,
Un Dieu vient essuyer nos pleurs ;
Il va combler nos espérances,
Et mettre fin à nos malheurs.

Fille des Rois, ô Vierge aimable !
Parais, sors de l'obscurité :
Reçois le prix inestimable,
Que tes vertus ont mérité.

Des promesses d'un Dieu fidèle
Le gage en tes mains est remis !
Quel bonheur pour une mortelle !
Un Dieu va devenir ton Fils.

Dans ta demeure solitaire
Je vois un Ange descendu :
O prodige ! ô grâce! ô mystère !
Dieu parle, et le Verbe est conçu.

Mortels, d'une tige coupable
Rejetons en naissant flétris,
Dieu brise le joug déplorable
Où vivaient nos aïeux proscrits.

Son amour nous rend tout facile,
Ne combattons plus ses desseins.
Parmi nous lui-même il s'exile,
Pour finir l'exil des humains.

Il répand des grâces nouvelles,
Consomme ses engagemens,
A ses lois soyons tous fidèles
Comme il le fut à ses sermens.

Pour le second Dimanche de l'Avent.

Noël, sur l'air : *Laissez paître vos bêtes.* N° 37.

VENEZ, divin Messie,
Sauvez nos jours infortunés,
Venez, source de vie, venez, venez, venez.

Ah ! descendez, hâtez vos pas,
Sauvez les hommes du trépas,
Secourez-nous, ne tardez pas ;
Venez divin Messie,
Sauvez nos jours infortunés,
Venez, source de vie, venez, venez, venez.

Ah ! désarmez votre courroux,
Nous soupirons à vos genoux,
Seigneur, nous n'espérons qu'en vous ;
Pour nous livrer la guerre,
Tous les enfers sont déchaînés,
Descendez sur la terre, venez, venez, venez,

3*

Que nos soupirs soient entendus :
Les biens que nous avons perdus
Ne nous seront-ils pas rendus ?
            Voyez couler mes larmes,
        Grand Dieu ! si vous nous pardonnez,
Nous n'aurons plus d'alarmes, venez, venez , venez.

Si vous venez en ces bas lieux,
Nous vous verrons victorieux,
Fermer l'Enfer, ouvrir les Cieux :
            Nous l'espérons sans cesse,
        Les Cieux nous furent destinés ;
Tenez votre promesse, venez, venez , venez.

Ah ! puissions-nous chanter un jour
Dans votre bienheureuse cour,
Et votre gloire et votre amour :
            C'est là l'heureux partage,
        De ceux que vous prédestinez,
Donnez-nous-en un gage, venez, venez , venez.

Pour la Fête de l'Immaculée Conception de la Sainte Vierge.

Air : *Mon bien aimé ne paraît pas encore.* N° 38.

Un nouvel astre a paru sur la terre,
Rien dans les Cieux n'égale sa beauté :
            Quelle lumière !
            Quelle clarté !
A son aspect l'Univers enchanté
Ne peut y voir l'ombre la plus légère.

Reine des Cieux , c'est toi que sous ce voile
J'ose chanter, en ton premier moment :

Brillante étoile
Du Firmament,
Je suis saisi d'un saint ravissement,
Quand ce mystère à mes yeux se dévoile.

Il me découvre où le Ciel te destine ;
De tes vertus relève la splendeur ;
C'est l'origine
De ta grandeur ;
C'est l'ornement le plus cher à ton cœur ;
Il met le comble à ta beauté divine.

Dans l'innocence, heureusement conçue,
Tu ne crains point la fureur du serpent ;
Faible à ta vue,
Il est rampant
S'il remplit tout du venin qu'il répand,
Il voit par toi sa fierté confondue.

Le bras puissant du Très-Haut se déploie ;
Dieu, dans ton cœur, verse tous ses trésors :
Saisis de joie,
Par mille accords,
Les Anges font éclater leurs transports :
A ton passage, il s'ouvre une autre voie.

Oui, je le crois, et ma raison soumise
Se rend sans peine et ne peut balancer,
Tout m'autorise
A le penser :
Vous dont la Foi craindroit de s'avancer,
Ouvrez les yeux et consultez l'Eglise.

Peut-on ne pas entendre son langage ?
Par sa conduite elle montre sa Foi.
Ce témoignage
Me sert de loi ;
S'il est plus doux, s'il cause moins d'effroi,
Ah ! mon amour en paroit davantage.

Rien n'existoit, et Dieu voyoit Marie
Jointe à ce Fils, en qui seul il se plaît.
        Dieu l'a choisie,
        Heureux décret!
Eût-elle pu subir le triste arrêt!
Elle ne vient que pour donner la vie.

Quoi! dans ces flancs, que mon Dieu prit naissance,
Et qu'à Satan d'abord il l'asservit?
        Quelle apparence
        Qu'il le souffrit!
Non, non, cela révolte mon esprit;
Elle a pour don ce qu'il a par essence.

Comment, en elle, admettre de souillure?
La Cour céleste obéit à sa voix.
        Dans la nature
        Tout suit ses lois;
Elle est assise auprès du Roi des Rois;
Ce premier rang n'est dû qu'à la plus pure.

Qu'à son honneur l'Univers s'intéresse;
Que de ses droits ses enfans soient jaloux;
        A ma tendresse,
        Aspect bien doux!
Ta pureté, Vierge, nous ravit tous,
Et nous remplit d'une vive allégresse.

Du sud au nord, du couchant à l'aurore,
Ce grand mystère est partout célébré;
        Qu'il soit encore
        Plus révéré:
Où de Jésus le nom est adoré,
Qu'avec amour tout Fidèle l'honore.

Pour le troisième Dimanche de l'Avent.

Noël, sur l'air : *Dans un Ermitage* , No 39.

O Dieu de clémence !
Viens par ta présence
Combler nos désirs ,
Apaiser nos soupirs.   *Fin.*

Sauveur secourable
Parois à mes yeux ,
A l'homme coupable
Viens ouvrir les yeux.

Céleste victime
Ferme-lui l'abime.
      O Dieu , etc.

Sagesse éternelle,
Lumière immortelle ,
Viens du haut des Cieux ,
Viens éclairer nos yeux   *Fin.*

Justice adorable ,
Parois à jamais ,
O toujours aimable , .
Viens céleste paix.

Qu'ils seront durables
Tes biens ineffables !
      Sagesse, etc.

Peuple inconsolable ,
Le Ciel favorable ,
Sensible à tes pleurs ,
Met fin à tes malheurs.   *Fin.*

Le Dieu de justice
Remplit tes désirs,
Il sera propice
Aux humbles soupirs :

Ils vont jusqu'au trône
Du Dieu qui pardonne.
   Peuple, etc.

O jour d'alégresse !
Le Ciel s'intéresse
A tous nos malheurs :
Il calme nos frayeurs.   *Fin.*

Un Dieu va paroître
Dans l'abaissement,
Un Dieu vient de naître
Dans le dénûment.

Il est dans l'étable
Pauvre et misérable.
   O jour, etc.

Un dur esclavage
Fut notre partage :
Il brise nos fers
Et sauve l'Univers.   *Fin.*

Loin de sa présence
Le crime s'enfuit,
Et par sa présence
L'enfer est réduit.

A tous sa naissance
Rendra l'innocence.
   Un dur, etc.

Chantons tous sa gloire,
Chantons sa victoire,
Chantons ses bienfaits,
Chantons-les à jamais.

Tous les Cieux s'abaissent
Saisis de respect ;
Nos maux disparoissent
A son seul aspect.

Tout à sa naissance
Cède à sa puissance.
   Chantons, etc.

Gloire à son enfance,
Gloire à sa clémence,
Au plus haut des Cieux,
Gloire, amour en tous lieux.

Fin.

Que les chœurs des Anges,
Que les immortels
Chantent ses louanges
Avec les mortels !

Qu'à l'envi réponde
Et la terre et l'onde.
   Gloire, etc

Pour le quatrième Dimanche de l'Avent.

Noël, sur l'air : *Où s'en vont ces gais bergers ?* Nᵒ 40.

Oublions nos maux passés,
Ne versons plus de larmes ;
Tous nos vœux sont exaucés,
Nous n'avons plus d'alarmes :
Dieu naît, les démons sont terrassés :
   Quel sort eut plus de charmes !

L'univers étoit perdu
Par un funeste crime ;
Du Ciel un Dieu descendu,
Le sauve de l'abîme :
L'enfer nous étoit justement dû,
Dieu nous sert de victime.

Ce Dieu qui vient s'incarner
Finit notre disgrâce,
La justice alloit tonner,
Mais l'amour prend la place :
Le Père est prêt à nous condamner,
Le Fils demande grâce.

Nous échappons aux enfers,
Nous sortons d'esclavage ;
Les Cieux vont nous être ouverts,
Quel plus heureux partage !
Le salut s'offre à tout l'univers,
Amour, c'est ton ouvrage.

Pouvons-nous trop estimer
Un sort si désirable ?
Peut-il ne pas nous charmer,
Ce Dieu si favorable ?
Pouvons-nous jamais assez l'aimer ?
Qu'est-il de plus aimable ?

Sous la forme d'un mortel,
C'est un Dieu qui se cache ;
Du sein du Père éternel
Son tendre amour l'arrache.
Pour nous il vient s'offrir à l'autel,
Comme un agneau sans tache.

Qu'il nous aime tendrement !
Il se livre lui-même ;
Aimons souverainement
Cette bonté suprème ;
Aimons, aimons ce divin Enfant,
Aimons-le comme il aime.

Pour le Saint jour de Noël.

Noël, *sur un air ancien.* N° 41.

Dans cette étable
Que Jésus est charmant !
Qu'il est aimable
Dans son abaissement !
Que d'attraits à la fois !
Tous les palais des rois
N'ont rien de comparable
Aux beautés que je vois
Dans cette étable.

Que sa puissance
Paroît bien en ce jour,
Malgré l'enfance
Où le réduit l'amour ;
L'esclave racheté,
Et tout l'enfer dompté,
Font voir qu'à sa naissance
Rien n'est si redouté
Que sa puissance.

Heureux mystère !
Jésus souffrant pour nous,
D'un Dieu sévère
Apaise le courroux ;

Pour sauver le pécheur,
Il naît dans la douleur ;
Et sa bonté de Père
Eclipse sa grandeur :
    Heureux mystère !

    S'il est sensible,
Ce n'est qu'à nos malheurs ;
    Le froid horrible
Ne cause point ses pleurs.
Après tant de bienfaits
Notre cœur, aux attraits
D'un amour si visible,
Doit céder désormais,
    S'il est sensible.

    Que je vous aime !
Peut-on voir vos appas,
    Beauté suprême,
Et ne vous aimer pas ?
Puissant Maître des Cieux,
Brûlez-moi de ces feux
Dont vous brûlez vous-même,
Ce sont là tous mes vœux,
    Que je vous aime !

Pour le même Jour.

Noël, sur l'air : *Eh quoi ! tout sommeille.* N° 42.

Votre divin Maître,
Bergers, vient de naître ;
    Rassemblez-vous,
Volez à ses genoux :
    Aux hymnes des Anges
    Mêlez vos louanges ;
    De vos concerts
Remplissez l'Univers.   *Fin.*

LE CHOEUR.

Notre divin Maitre,
Pour nous vient de naitre ;
Rassemblons-nous,
Volons à ses genoux ;
Aux hymnes des Anges
Mêlons nos louanges ;
De nos concerts
Remplissons l'Univers.

Tendre victime,
Sauveur magnanime,
Il vient de tout crime
Laver les pécheurs ;
Mais les prémices
De ses dons propices
Et de ses faveurs,
Sont pour les Pasteurs.
Notre, etc.

Oh ! qu'il est puissant,
Auguste, adorable !
Mais qu'il est affable,
Humain, doux, aimable,
Ce Dieu fait enfant !
Qu'il est beau ! qu'il est grand !
Qu'il est bienfaisant !
Qu'il est charmant !
Notre, etc.

A ce Dieu qui vous aime,
Venez sans frayeur ;
Vos agneaux même
N'ont point sa douceur.
La timide innocence,
La simple candeur,
L'humble indigence
Plaisent à son cœur.

Fin.

Pour être à vous semblable,
Il naît dans une étable ;
Il habite un hameau,
Une crèche fait son berceau !

A vous que tout s'unisse ;
Que, dans ce saint jour ,
Tout retentisse
De vos chants d'amour !
Pour lui, musette tendre,
Hautbois, chalumeaux,
Faites entendre
Vos sons les plus beaux.
Notre, etc.

Invitation aux Bergers à chanter la naissance de N. S. J. C.

Air N° 43.

BERGERS, par les plus doux accords,
D'un Dieu célébrez la naissance ;
Bergers, par les plus doux accords,
Faites éclater vos transports.
Sous l'humble voile de l'enfance
Ce Dieu cache sa majesté ;
Pour ne songer qu'à sa bonté,
Il semble oublier sa puissance. Bergers, etc.

Bergers, par les plus doux accords,
D'un Dieu célébrez la naissance ;
Bergers, par les plus doux accords,
Faites éclater vos transports.
L'aimable et tranquille innocence
De sa naissance est l'heureux fruit ;
L'enfer se tait, le crime fuit,
La paix renait à sa présence. Bergers, etc.

Bergers, par les plus doux accords,
D'un Dieu célébrez la naissance;
Bergers, par les plus doux accords,
Faites éclater vos transports.
Né dans le sein de l'indigence,
Du pauvre il veut être l'appui;
Bergers, sur les Rois aujourd'hui
Il vous donne la préférence. Bergers, etc.

Plus il nous voile ses grandeurs
Et veut les couvrir d'un nuage;
Plus il nous voile ses grandeurs,
Plus il a de droits sur nos cœurs.
Il a le bonheur en partage,
Sa durée est l'éternité,
Sa grandeur est l'immensité,
Et l'univers est son ouvrage. Plus, etc.

Plus il nous voile ses grandeurs,
Et partage notre misère,
Plus il nous voile ses grandeurs,
Plus il a de droits sur nos cœurs.
Il créa le ciel et la terre
Et son palais est un hameau;
Une humble crèche est le berceau
Du Dieu qui lance le tonnerre. Plus, etc.

Plus il nous voile ses grandeurs,
Plus il doit nous trouver fidèles;
Plus il nous voile ses grandeurs,
Plus il a de droits sur nos cœurs.
Volez des voûtes éternelles,
Anges, qu'embrase son amour:
Volez vers son obscur séjour,
Venez le couvrir de vos ailes. Plus, etc.

Ses dons remplissent l'Univers,
Tout nous en trace la peinture ;
Ses dons remplissent l'univers,
Célébrons-le dans nos concerts.
C'est lui qui forma la structure
Du grand édifice des Cieux :
Des beautés qui charment nos yeux,
C'est lui qui pare la nature. Ses dons, etc.

Ses dons remplissent l'Univers,
Offrons lui nos tendres hommages ;
Ses dons remplissent l'Univers,
Célébrons-le dans nos concerts.
C'est lui qui donne à nos bocages
La verdure de leurs rameaux,
Nos champs, nos vallons, nos coteaux,
Sont ses bienfaits, sont ses ouvrages. Ses dons, etc.

Ses dons remplissent l'Univers,
De sa bonté tout est l'image ;
Ses dons remplissent l'Univers,
Célébrons-le dans nos concerts.
A le chanter tout nous engage,
Le doux murmure des ruisseaux,
L'innocente voix des oiseaux,
L'écho qui nous rend leur ramage. Ses dons, etc.

Chargés du poids de ses bienfaits,
N'en perdons jamais la mémoire ;
Chargés du poids de ses bienfaits,
Pourrions-nous l'oublier jamais !
A ce Dieu seul honneur et gloire,
Au ciel, sur la terre et les mers,
Eternisons dans nos concerts
Les jours naissans de sa victoire. Chargés, etc.

Chargés du poids de ses bienfaits,
Pourrions-nous douter qu'il nous aime ;

Chargés du poids de ses bienfaits,
Pourrions-nous l'oublier jamais!
Un trait de son amour extrême
Mettra le comble à ses faveurs,
Un jour, pour nous, dans les douleurs,
Nous le verrons mourir lui-même. Chargés, etc.

Chargés du poids de ses bienfaits,
Que pour l'aimer nos cœurs s'unissent
Chargés du poids de ses bienfaits,
Pourrions-nous l'oublier jamais!
Qu'en son nom les genoux fléchissent
Jusqu'aux bornes de l'Univers;
Que les airs, les Cieux, les enfers,
Du nom de Jésus retentissent. Chargés, etc.

A chanter cet aimable Enfant
L'oiseau consacre son ramage:
Pour chanter cet aimable enfant,
Tout semble avoir du sentiment.
Et l'homme fait à son image
Pour qui ce Dieu naît en ce jour,
Pour reconnoître son amour
Seul n'auroit-il point de langage! A chanter, etc.

Chérissons cet aimable Enfant,
Plus il descend, plus il nous aime;
Chérissons cet aimable Enfant
Dans cet excès d'abaissement.
Pour nous sa tendresse est extrême,
Sa bonté doit nous enflammer;
Puisqu'un Dieu daigne nous aimer,
Sans doute il mérite qu'on l'aime. Chérissons, etc.

Pour le Dimanche de l'Octave de Noël.

Noël, sur l'air : *Tous les Bourgeois de Chartres.* N° 44.

Le Fils du Roi de gloire
Est descendu des Cieux ;
Que nos chants de victoire
Résonnent dans ces lieux :
Il dompte les enfers,
Il calme les alarmes,
Il tire l'Univers
      Des fers,
    Et pour jamais
    Lui rend la paix ;
Ne versons plus de larmes.

L'amour seul l'a fait naître
Pour le salut de tous ;
Il fait par là connoître
Ce qu'il attend de nous :
Un cœur brûlant d'amour
Est le plus bel hommage ;
Faisons-lui tour à tour
      La cour,
    Dès aujourd'hui
    N'aimons que lui ;
Qu'il soit mon seul partage.

Vains honneurs de la terre,
Je veux vous oublier ;
Le maître du tonnerre
Vient de s'humilier.
De vos trompeurs appas
Je saurai me défendre ;

Allez , n'arrêtez pas
  Mes pas ;
  Monde flatteur ,
  Monde enchanteur ,
Je ne veux plus t'entendre.

Régnez seul en mon âme ,
O mon divin Epoux !
N'y souffrez point de flamme
Qui ne s'adresse à vous.
Que voit-on dans ces lieux ?
Que misère et bassesse.
Ne portons plus nos yeux
  Qu'aux Cieux ;
  A votre loi ,
  Céleste Roi ,
J'obéirai sans cesse.

Pour le Jour de la Circoncision.

Sur l'air : *Je suis Lindor.* Nᵉ 45.

O mon Jésus , ô mon bien et ma vie !
Ce jour va donc assurer mon bonheur :
Tu prends le nom , le doux nom de Sauveur ,
Et ton amour déjà le justifie.

C'étoit pour moi , quand tu venois de naître ,
Que de tes pleurs tu mouillois ton berceau ;
Et c'est pour moi que tu viens , tendre agneau ,
Te présenter au glaive du grand-prêtre.

Tu nais à peine , et de ton sang propice
Tu veux déjà sceller tes jours naissans :
Moi , dont le crime a devancé les ans ,
Je n'ai rien fait pour calmer ta justice.

Ah! dans mon cœur trop long-temps infidèle
Éteins l'orgueil et l'amour du plaisir,
Et que jamais il n'ait d'autre désir
Que de te prendre, ô Jésus, pour modèle.

Il faut enfin, moi qui fus seul coupable,
Que pour laver mes crimes à mon tour,
Mon repentir, animé par l'amour,
Mêle ses pleurs à ton sang adorable.

Pour le même Jour.

Air N° 46.

VIVE Jésus!
C'est le cri de mon âme.
Vive Jésus, le maître des vertus!
Aimable nom, quand ma voix te réclame,
D'un nouveau feu pour toi mon cœur s'enflamme :
Vive Jésus!

Vive Jésus!
C'est le cri qui rallie
Sous ses drapeaux le peuple des élus.
Suivre Jésus, c'est aussi mon envie ;
Suivre Jésus, c'est mon bien, c'est ma vie :
Vive Jésus!

Vive Jésus!
Ce cri-là me console,
Lorsque de moi le monde ne veut plus.
Adieu, lui dis je, adieu, monde frivole ;
Bien insensé qui pour toi se désole !
Vive Jésus!

Vive Jésus !
C'est un cri d'espérance
Pour les pécheurs repentans et confus ;
Sur eux du Ciel attirant la clémence,
Ce nom sacré soutient leur pénitence :
Vive Jésus !

Vive Jésus !
A ce cri de vaillance
Je verrai fuir les démons éperdus.
Un mot suffit pour dompter leur puissance,
Pour terrasser leur superbe insolence :
Vive Jésus !

Vive Jésus !
Cri de reconnoissance
D'un cœur touché des biens qu'il a reçus.
L'enfer veut-il troubler sa confiance,
Il dit encore avec plus d'assurance :
Vive Jésus !

Vive Jésus !
C'est mon cri d'allégresse,
O Dieu caché sous un pain qui n'est plus !
Quand, aux douceurs d'une céleste ivresse,
Je reconnois l'objet de ma tendresse :
Vive Jésus !

Vive Jésus !
C'est le cri de victoire
Qui retentit au séjour des élus.
De leurs combats consacrant la mémoire,
Ce nom puissant éternise leur gloire :
Vive Jésus !

Vive Jésus !
Vive sa tendre Mère !

Elle est aussi la mère des élus.
Si nous l'aimons, si nous voulons lui plaire,
Chantons Jésus, notre Dieu, notre frère :
Vive Jésus !

Vive Jésus !
Qu'en tout lieu la victoire
Mette à ses pieds les méchans confondus !
O nom sacré, nom cher à ma mémoire,
Puissé-je vivre et mourir pour ta gloire !
Vive Jésus !

Pour la Fête de l'Épiphanie.

Sur l'air : *De la fontaine de Vaucluse.* N° 47.

Suivons les Rois dans l'étable
Où l'étoile les conduit.
Que vois-je ? un enfant aimable
De sa crèche les instruit.
O Ciel ! quels traits de lumière
Frappent mes yeux et mon cœur !
Dans le sein de la misère,
Que d'éclat et de grandeur !

Oui, c'est le Dieu du tonnerre.
Venez fléchir les genoux ;
Adorez, Rois de la terre,
Un Roi plus puissant que vous ;
Suivez l'exemple des Mages :
D'un cœur pur les sentimens
Sont de plus dignes hommages
Que l'or, la myrrhe et l'encens.

Il ne doit point leur hommage
A l'éclat d'un vain dehors :
L'indigence est son partage,
Ses vertus sont ses trésors.
Sa splendeur ni sa couronne,
Pour les yeux n'ont point d'attraits,
Une crèche fait son trône,
Une étable est son palais.

O réduit pauvre et champêtre !
Dans ton paisible séjour
L'univers offre à son Maître
Le tribut de son amour.
Enfin l'heureux jour s'avance
Qu'à nos pères Dieu promit ;
A Béthléem il commence,
Sur la croix il s'accomplit.

Quand la grâce nous appelle,
Gardons-nous de résister ;
Suivons ce guide fidèle,
Quittons tout sans hésiter ;
Craignons de perdre de vue
L'astre qui, pendant la nuit,
Comme du haut de la nue
Nous éclaire et nous conduit.

Les Fruits de la Naissance de N. S. J. C.

Sur l'air : *Laissez paître vos bêtes.* N° 48.

Amour, honneur, louanges,
Au Dieu sauveur dans son berceau,
Chantons avec les Anges
Un cantique nouveau.　　　　　　*Fin.*

Si cet Enfant verse des pleurs,
C'est pour attendrir les pécheurs
Et mettre fin à nos malheurs ;
Chargé de notre offense,
Il calme le courroux des Cieux ;
La paix, par sa naissance,
Va régner en tous lieux.
    Amour, etc.

Si notre cœur est dans l'ennui ,
Nous ne devons chercher qu'en lui
Et notre force et notre appui.
Loin de nous les alarmes,
Le trouble et les soucis fàcheux ;
Un jour si plein de charmes
Doit combler tous nos vœux.
    Amour, etc.

Quand il nous voit prêts à périr,
Pour nous lui-même il veut s'offrir,
Et par sa mort vient nous guérir.
A l'ardeur qui le presse,
Joignons nos généreux efforts,
Et que de sa tendresse
Tout suive les transports.
    Amour, etc.

Ne craignons que le noir séjour ;
Ce Dieu qui naît pour notre amour
Nous ouvre la céleste cour :
Le démon plein de rage
A beau frémir dans les enfers,
De son dur esclavage
Nous briserons les fers.
    Amour, etc.

Sortons des ombres de la nuit,
Suivons cet astre qui nous luit,

Au vrai bonheur il nous conduit :
Entrant dans la carrière,
Partout il porte ses ardeurs ;
Sa brillante lumière
Enchante tous les cœurs.
    Amour, etc.

Par son immense charité,
Il rend à l'homme racheté
Le droit à l'immortalité :
Sous son heureux empire,
Les biens seront toujours parfaits ;
Heureux qui ne soupire
Qu'après ses doux attraits !
    Amour, etc.

POUR LE JOUR DE LA FÊTE DU CATÉCHISME.

SOUS L'INVOCATION DE LA SAINTE ENFANCE DE N. S.

LA SAINTE ENFANCE.

Sur l'air : *Mes chers enfans, unissez-vous.* N° 23.

Enfant, notre Dieu, notre Roi,
O Jésus, qui dans cet asile ,
Vois à tes pieds une troupe docile
D'enfans heureux de marcher sous ta loi ;
Permets que leur reconnoissance,
Dans ses chants célèbre en ce jour
Les premiers dons de ton divin amour,
Et les bienfaits de ton enfance.

Divin Enfant, ta douce voix,
Du pécheur fléchit la rudesse ;
Par un regard, une seule caresse,
Tu sais payer celui qui suit tes lois.

Sans toi de quoi sert la science
Au savant le plus renommé?
Mais l'ignorant sait tout s'il est formé
A l'école de ton enfance.

S'il faut souffrir la pauvreté,
Tes langes, ton chétif asile
Etoufferont, dans mon cœur indocile,
Les noirs chagrins d'un orgueil révolté.
Je m'instruirai, par ton silence,
A souffrir en paix mes douleurs,
Ou je saurai du moins mêler mes pleurs
Avec les pleurs de ton enfance.

Voudrois-je chercher des soutiens
Dans les honneurs et la richesse?
Non, non, par ton apparente bassesse
J'apprends enfin à juger les vrais biens.
A la crèche où tu prends naissance
Laissant mes honneurs et mon or,
Je ne veux plus garder d'autre trésor
Que les leçons de ton enfance.

Monde trompeur, garde pour toi
Tes jeux, tes ris et ton ivresse,
Mais laisse-nous en paix de la sagesse
Goûter les dons et méditer la loi.
En vain une fausse apparence
Voudroit irriter nos désirs,
La piété donne les vrais plaisirs,
Le vrai bonheur à notre enfance.

Mondains, bientôt il doit s'enfuir,
Le printemps heureux de la vie;
D'un long hiver elle sera suivie,
Cette saison si courte du plaisir.

Nous, pour pouvoir de l'innocence
Prolonger l'âge précieux,
Long-temps encor nous viendrons dans ces lieux,
Pour nous instruire avec l'enfance.

O Dieu fort, montre ton pouvoir
En appuyant notre foiblesse ;
Maintiens l'honneur de ta sainte promesse
Et des méchans anéantis l'espoir.
Tous se livrent à la démence
D'une sacrilége fureur ;
De ton Eglise adoucis la douleur,
Conserve-lui du moins l'enfance.

Autre pour le même Jour.

Air N° 49.

Au saint berceau
Qu'entourent mille Archanges,
Où naît pour vous des enfans le plus beau,
Venez unir votre amour, vos louanges,
Peuple naissant, cher espoir du troupeau,
Au saint berceau.

Dieu tout-puissant,
Vous que l'amour fait naître,
Qui par amour daignez vous faire Enfant,
Roi, mon Sauveur, Enfant d'un jour, mon Maître,
Par quels transports vous accueillir naissant,
Dieu tout-puissant ?

Le voyez-vous ?
Déjà par son sourire
De votre cœur il se montre jaloux :
Il tend les bras ; sa bonté vous attire.
Fut-il jamais engagement plus doux ?
Le voyez-vous ?

4*

Oui, je le vois;
Mais plus pressante encore,
Jusqu'à mon cœur a pénétré sa voix :
Je vis pour toi dès ma première aurore;
Tes premiers ans, dit-il, tu me les dois.
Oui, je le vois.

Quelle douleur !
Mon Dieu verse des larmes.
J'entends ses cris; ils déchirent mon cœur.
Enfant Jésus, d'où naissent vos alarmes?
Qui peut troubler la paix de mon Sauveur?
Quelle douleur !

Ne pleurez plus ;
Si, disciple infidèle,
J'ai démenti vos divines vertus,
Je veux enfin imiter mon modèle :
J'apprendrai tout au berceau de Jésus.
Ne pleurez plus.

Quelle leçon
Nous donne cette étable !
Quel dénûment, quel plus triste abandon !
Et cet enfant, qui naît si misérable,
Descend des Cieux, du monde est la rançon
Quelle leçon !

La pauvreté
Compagne de sa vie ,
N'aigrira plus mon orgueil révolté.
J'abjure enfin et la plainte et l'envie,
Puisque Jésus a par choix adopté
La pauvreté.

Docile enfant,
Dans sa retraite obscure

Il vit caché, grandit obéissant,
Et ce Dieu fort qui créa la nature,
D'un vil travail lasse un bras tout-puissant;
    Docile enfant.

    Faible mortel,
  Contre un joug salutaire
J'armai souvent un orgueil criminel.
Ah! j'oubliais qu'obéir et me taire
C'est imiter le Fils de l'Eternel;
    Faible mortel!

    Quelle ferveur!
  Quand, humble Israélite,
Il vient au Temple adorer le Seigneur,
Et quand la nuit, près sa couche bénite,
Devant son père il épanche son cœur,
    Quelle ferveur!

    Lieu plein d'attrait,
  La maison de prière
Me voit toujours froid, volage, distrait.
Ah! désormais je baise ta poussière,
De tes parvis je m'éloigne à regret,
    Lieu plein d'attrait!

    Des vains plaisirs.
  Fuis, troupe enchanteresse,
A mon Sauveur tu coûtes des soupirs :
Loin, loin de moi, grandeurs, éclats, richesse!
Un Dieu souffrant défend jusqu'aux désirs
    Des vains plaisirs.

    Le seul pour moi,
  C'est que long-temps encore
J'apprenne ici, Seigneur, ta sainte loi;
C'est qu'aux lieux même où je le vis éclore,
Je goûte en paix le bonheur de la foi,
    Le seul pour moi.

Au saint berceau,
Ah ! puisse l'innocence
Chercher toujours son appui, son flambeau !
Près l'Enfant-Dieu prolonger notre enfance,
Et tous les ans trouver plaisir nouveau,
Au saint berceau.

Autre pour le même Jour.

Air N° 5o.

CHANTONS l'enfance
De notre doux Sauveur,
Son innocence,
Son aimable candeur.
Que d'autres du Seigneur
Célèbrent la grandeur,
Qu'ils chantent sa puissance ;
Nous, enfans, du Sauveur,
Chantons l'enfance.

Rempli de charmes,
Cet Enfant, dans sa main,
Brise les armes
Du Juge souverain.
Contre le genre humain
Dieu veut sévir en vain,
Il cède aux douces larmes
De cet Enfant divin
Rempli de charmes.

Dans une étable,
Le fils de l'Éternel,
Pour le coupable,
Est né pauvre et mortel :
Pour moi, pour un pécheur,

Gémit un Dieu Sauveur ;
O mystère ineffable !
Mon Roi, mon Créateur
  Dans une étable !

    Près de sa crèche,
O mon cœur, instruis-toi :
    C'est moi qui pèche ;
Un Dieu souffre pour moi !
Je cherchais les douceurs :
Jésus est dans les pleurs,
Ah ! j'entends ce qu'il prêche :
  J'abjure mes erreurs
    Près de sa crèche.

    Enfant docile,
Soumis à ses parens,
    Leur humble asile
 Près d'eux le voit long-temps :
Par des travaux constans,
Dès ses plus tendres ans,
Dans un métier servile,
Il aide ses parens,
    Enfant docile,

    Chaste innocence,
Humilité, douceur,
    Obéissance,
Vertus de mon Sauveur,
Ah ! puisse aussi mon cœur
Exhaler votre odeur !
Mais toi de préférence,
Conserve en moi ta fleur,
    Chaste innocence.

    Que votre exemple
M'enflamme, ô mon Jésus,
    Quand je contemple
En vous tant de vertus !

Le monde désormais
N'a plus pour moi d'attraits,
Je jure en ce saint Temple,
De ne suivre jamais
 Que votre exemple.

 Dès son enfance,
Heureux qui vous chérit
 Avec constance
Heureux qui vous suivit !
Moins riche mille fois
 Est l'héritier des Rois,
 Qu'un cœur plein d'innocence
Qui de Jésus fit choix
 Dès son enfance.

Autre pour le même Jour.

Sur l'air : *Ah ! vous dirai-je, maman,* etc. N° 25.

O vous, dont les tendres ans
Croissent encore innocens,
Pour sauver à votre enfance
Le trésor de l'innocence,
Contemplez l'Enfant-Jésus,
Et prenez-en les vertus !

Il est votre Créateur,
Votre Dieu, votre Sauveur ;
Mais il est votre modèle :
Heureux qui lui fut fidèle !
Il eut part à sa faveur,
A ses dons, à son bonheur.

Que touchant est le tableau
Que nous offre son berceau !

O que de leçons utiles
Y trouvent les cœurs dociles !
Accourez vous tous, enfans,
Y former vos jours naissans.

Une étable est le séjour
Où Jésus reçoit le jour :
Sous les langes de sa crèche
Sa divine voix nous prêche
Que l'indigence, à ses yeux,
Est un riche don des Cieux.

Pourquoi ce froid, ces douleurs,
Ces yeux qui s'ouvrent aux pleurs,
Ce sang qu'il daigne répandre ?
N'est-ce point pour nous apprendre
Qu'il faut haïr le plaisir,
Et pour lui vivre et souffrir ?

Ce Dieu, seul Prêtre immortel,
Du berceau passe à l'Autel,
Et Législateur, et Maitre,
A la loi va se soumettre,
Prêt à s'immoler un jour
Pour son Père et notre amour.

Il naît à peine, et naissant,
Il veut fuir obéissant :
Trente ans, dans un vil ile,
L'ont vu fidèle, docile,
Exact, obéir toujours
Aux Saints Gardiens de ses jours.

Si, par un départ secret,
Il leur laisse un vif regret,
Ils le reverront au Temple,
Nous montrer, par son exemple,
Qu'on doit pour Dieu tout quitter.
Qui de nous sut l'imiter ?

Esprits vains, cœurs indomptés,
Captivez vos volontés
Quand on voit Jésus lui-même,
Jésus, la grandeur suprême,
S'abaisser, s'anéantir,
Peut-on ne pas obéir?

Qu'il est beau de voir ces mains
Qui formèrent les humains
Se prêter aux œuvres viles,
Aux travaux les plus serviles,
Et rendre à jamais pour nous
Tout travail louable et doux.

Tout m'instruit dans l'Enfant-Dieu,
Son respect pour le saint lieu,
Son air modeste, humble, affable,
Sa douceur inaltérable,
Son zèle, sa charité,
Sa clémence, sa bonté.

Jésus croît, et plus ses ans
Hâtent leurs accroissemens,
Plus l'adorable sagesse
Qui réside en lui sans cesse
Dévoile aux yeux des humains
L'éclat de ses traits divins.

Combien en est-il, hélas!
Qui, loin de suivre ses pas,
Vont croissant de vice en vice,
Aboutir au précipice!
Heureux, seul heureux qui prend
Pour guide Jésus-Enfant!

Fruit des leçons du Catéchisme.

Sur l'air : *O toi qui n'eus jamais dû naître !* N° 29.

Que je me plais dans ton enceinte,
Lieu sacré, fortuné séjour,
Où Dieu m'instruit de sa loi sainte,
Et grave en mon cœur son amour.
École, où Jésus à l'enfance
Révèle ses plus hauts secrets :
Saint asile, où mon innocence
Brave le vice et ses attraits.

Ici, je vois par quels miracles
Dieu jadis montra son pouvoir ;
Je médite ses saints oracles,
Ses préceptes et mon devoir.
Ici, sous un joug salutaire,
L'Église enchaîne mon orgueil,
Et d'une audace téméraire
M'apprend à fuir le triste écueil.

S'il faut que ma raison révère
Le nuage mystérieux
Qui me dérobe une lumière
Dont l'éclat blesserait mes yeux,
La Foi, d'une main secourable,
Me prêtant ici son flambeau,
Du Sanctuaire impénétrable
Soulève pour moi le rideau.

Si ma juste reconnoissance
Présente à mon Dieu chaque jour
L'hommage de ma dépendance
Et le tribut de mon amour ;

A mes parens si plus docile,
Sans murmurer j'entends leur voix,
C'est à tes leçons, cher asile,
A tes conseils que je le dois.

Monde, ne vante plus tes charmes,
Tu n'enflammes pas mes désirs;
Je sais quels dégoûts, quelles larmes
Payent tes coupables plaisirs.
Ce n'est qu'ici que mon enfance
De vrais biens goûte la douceur;
Les plaisirs purs de l'innocence
Peuvent seuls donner le bonheur.

Pour la Purification de la Sainte Vierge.

[Sur l'air : *Du fond de vos forêts.*

A la Reine des Cieux offrons un tendre hommage;
Réunissons pour elle et nos voix et nos cœurs !
Réunissons pour elle et nos voix et nos cœurs.   *Fin.*
     A la Reine, etc.

A chanter ses grandeurs
Consacrons la fleur de notre âge.
     A la Reine, etc.

Heureux celui qui, dès l'enfance,
Lui fait de soi-même le don,
   Et met son innocence
   A l'abri de son nom !
     A la Reine, etc.

Aux yeux du Tout-Puissant elle fut toujours pure;
Chantons sur le péché son triomphe éclatant,
     Chantons sur le péché, etc.

Son cœur même un instant
Ne reçut jamais de souillure
Aux yeux, etc.

Plus sainte que les chœurs des Anges,
Des trônes et des Chérubins,
Elle a droit aux louanges
Des mortels et des Saints.
Aux yeux, etc.

Le Dieu de Sainteté la choisit pour sa Mère,
Rendons, rendons hommage à sa maternité;
Rendons, etc.

Par son humilité
A ses yeux purs elle sut plaire.
Le Dieu, etc.

Elle fut épouse et féconde
Sans nuire à sa virginité;
Et le Sauveur du monde,
De ses flancs nous est né.
Le Dieu, etc.

Son saint nom aux enfers toujours fut redoutable:
Chantons sur les démons son empire constant:
Chantons, etc.

Sa main du noir serpent
Ecrasa la tête coupable.
Son saint nom, etc.

En vain de l'erreur renaissante
Les monstres se sont élevés,
Sa force triomphante
Les a tous captivés,
Son saint nom., etc.

Tout retrace à nos yeux l'éclat de sa puissance,
Sans cesse qu'à sa gloire on dresse des autels :
       Sans cesse, etc.

       Sur elle les mortels
Fondent leur solide espérance.
       Tout, etc.

Auprès de Dieu, dans leurs disgrâces,
Elle est le salut des humains,
Et la source des grâces
Vient à nous par ses mains.
       Tout, etc.

Elle est et notre Reine et notre tendre Mère,
Vivons sous son empire, annonçons ses bienfaits.
       Vivons, etc.

       On n'est trompé jamais
Lorsqu'en sa bonté l'on espère.
       Elle est, etc.

Toujours sa tendresse facile
Se rend sensible à nos malheurs !
       Elle est toujours l'asile
       Et l'espoir des pécheurs....
Elle est, etc.

O Vierge toujours sainte ! ô Mère toujours tendre !
Soyez, soyez propice aux vœux de vos enfans.
       Soyez, etc.

       Que sur nos jeunes ans
Vos faveurs viennent se répandre !
       Vierge, etc.

De votre bonté salutaire
Daignez nous prêter le secours :
Montrez-vous notre Mère
Dans l'enfance et toujours.
O Vierge, etc.

Pour le Dimanche de la Septuagésime.

DIALOGUE ENTRE DIEU ET LE PÉCHEUR.

Air N° 4.

DIEU.

Reviens, pécheur, à ton Dieu qui t'appelle ;
Viens au plus tôt t'arranger sous sa loi :
Tu n'as été déjà que trop rebelle,
Reviens à lui puisqu'il revient à toi.

LE PÉCHEUR.

Voici, Seigneur, cette brebis errante
Que vous daignez chercher depuis long-temps ;
Touché, confus d'une si longue attente,
Sans plus tarder, je reviens, je me rends.

DIEU.

Pour t'attirer ma voix se fait entendre ;
Sans me lasser partout je te poursuis ;
D'un Dieu, pour toi, du père le plus tendre,
J'ai les bontés, ingrat, et tu me fuis.

LE PÉCHEUR.

Errant, perdu, je cherchois un asile ;
Je m'efforçois de vivre sans effroi.
Hélas ! Seigneur, pouvois-je être tranquille,
Si loin de vous, et vous si loin de moi ?

DIEU.

Attraits, frayeurs, remords, secret langage,
Qu'ai-je oublié dans mon amour constant ?
Ai-je pour toi dû faire davantage ?
Ai-je pour toi dû même en faire autant !

LE PÉCHEUR.

Je me repens de ma faute passée,
Contre le Ciel, contre vous j'ai péché :
Mais oubliez ma conduite insensée,
Et ne voyez en moi qu'un cœur touché.

DIEU.

Si je suis bon faut-il que tu m'offenses ?
Ton méchant cœur s'en prévaut chaque jour :
Plus de rigueur vaincroit ta résistance,
Tu m'aimerois, si j'avois moins d'amour.

LE PÉCHEUR.

Que je redoute un Juge, un Dieu sévère !
J'ai prodigué des biens qui sont sans prix ;
Comment oser vous appeler mon Père ?
Comment oser me dire votre fils ?

DIEU.

Marche au grand jour que t'offre ma lumière,
A sa faveur tu peux faire le bien ;
La nuit bientôt finira ta carrière,
Funeste nuit où l'on ne peut plus rien.

LE PÉCHEUR.

Dieu de bonté, principe de tout être,
Unique objet digne de nous charmer,
Que j'ai long temps vécu sans vous connoître !
Que j'ai long-temps vécu sans vous aimer !

DIEU.

Ta courte vie est un songe qui passe,
Et de ta mort le jour est incertain ;
Si j'ai promis de te donner ta grâce,
T'ai-je jamais promis le lendemain ?

LE PÉCHEUR.

Votre bonté surpasse ma malice,
Pardonnez-moi ce long égarement ;
Je le déteste, il fait tout mon supplice,
Et pour vous seul j'en pleure amèrement.

DIEU.

Le Ciel doit-il te combler de délices
Dans le moment qui suivra ton trépas ?
Ou bien l'enfer t'accabler des supplices ?
C'est l'un des deux, et tu n'y penses pas.

LE PÉCHEUR.

Je ne vois rien que mon cœur ne défie,
Malheurs, tourmens, ou plaisirs les plus doux,
Non, fallût-il cent fois perdre la vie,
Rien ne pourra me séparer de vous.

Pour le Dimanche de la Sexagésime.

Sur l'air : *Un jour d'y lou bouscatgé..* N° 51.

SEIGNEUR, Dieu de clémence,
Reçois ce grand pécheur,
A qui la pénitence
Touche aujourd'hui le cœur :

Vois d'un œil secourable
L'excès de son malheur,
Et d'un œil favorable
Accepte sa douleur.

Je suis un infidèle
Qui méconnus tes lois ;
Un perfide, un rebelle,
Qui péchai mille fois.
Jamais dans l'innocence
Je n'ai coulé mes jours ;
Toujours plus d'une offense
En a terni le cours.

Chargé de mille crimes,
Souvent j'ai mérité
D'entrer dans les abîmes
Pour une éternité :
J'ai peu craint la colère
De ton bras irrité ;
Mais cependant j'espère,
Seigneur, en ta bonté.

Lorsqu'à ton indulgence
Un coupable a recours,
Des traits de ta vengeance
Ton cœur suspend le cours.
Rempli de confiance,
J'ose venir à toi :
Au nom de ta clémence,
Grand Dieu, pardonne-moi.

Hélas ! quand je rappelle
Combien je fus pécheur,
Une douleur mortelle
S'empare de mon cœur.

Par quel malheur extrême
Ai-je offensé souvent
Un Dieu, la bonté même,
Un Dieu, si bienfaisant ?

Fuis loin, péché funeste,
Dont je fus trop charmé ;
Péché, je te déteste,
Autant que je t'aimai.
O Dieu bon ! ô bon Père !
Tu vois mon repentir ;
Avant de te déplaire,
Plutôt, plutôt mourir.

C'est fait, je le déteste,
Plus de péché pour moi :
Le Ciel, que j'en atteste,
Garantira ma foi ;
Le Dieu qui me pardonne
Aura tout mon amour ;
A lui seul je le donne
Sans bornes, sans retour.

Pour le Dimanche de la Quinquagésime.

Air N° 52.

GRACE, grâce, Seigneur, arrête tes vengeances,
Et détourne un moment tes regards irrités ;
J'ai péché, mais je pleure ; oppose à mes offenses,
Oppose à leur grandeur celle de tes bontés.

Je sais tous mes forfaits, j'en connois l'étendue :
En tous lieux, en toute heure, ils parlent contre moi ;
Par tant d'accusateurs mon âme confondue
Ne prétend pas contre eux disputer devant toi.

5

Tu m'avois par la main conduit dès sa naissance,
Sur ma foiblesse en vain je voudrois m'excuser ;
Tu m'avois fait, Seigneur, goûter ta connoissance,
Mais de tes dons, hélas ! je n'ai fait qu'abuser.

De tant d'iniquités la foule m'environne ;
Fils ingrat, cœur perfide, en proie à mes remords,
La terreur me saisit, je tremble, je frissonne ;
Pâle, et les yeux éteints, je descends chez les morts.

Ma voix sort du tombeau, c'est du fond de l'abîme
Que j'élève vers toi tes lugubres accens.
Fais monter jusqu'au pied de ton trône sublime
Cette mourante voix et ces cris languissans.

O mon Dieu ! quoi, ce nom, je le prononce encore !
Non non, je t'ai perdu, j'ai cessé de t'aimer :
O toi, qu'en frémissant je supplie et j'adore,
Grand Dieu ! d'un nom plus doux puis-je oser te nommer ?

Dans les gémissemens, l'amertume et les larmes,
Je repasse des jours passés dans les plaisirs ;
Et voilà tout le fruit de ces jours pleins de charmes :
Un souvenir affreux, la honte et les soupirs.

Ces soupirs devant toi sont ma seule défense ;
Un coupable par eux ne peut-il t'attendrir ?
N'as-tu pas un trésor de grâce et de clémence ?
Dieu de miséricorde, il est temps de l'ouvrir.

Où fuir, où me cacher, tremblante créature,
Si tu viens en courroux pour compter avec moi ?
Que dis-je ? être infini, dans toi je me rassure,
Et me sens trop heureux de compter avec toi.

L'homme seul est pour l'homme un juge inexorable ;
Où l'esclave auroit-il appris à pardonner ?
C'est la gloire du maître : absoudre le coupable
N'appartient qu'à celui qui le peut condamner.

Tu le peux, mais souvent tu veux qu'il te désarme ;
Il te fait violence, il devient ton vainqueur :
Le combat n'est pas long, il ne faut qu'une larme.
Que de péchés efface une larme du cœur !

Non jamais, non, grand Dieu ! tu nous l'as dis toi-même,
Un cœur humble et contrit ne sera méprisé ;
Le mien l'est ; tu le vois, tu reconnais qu'il t'aime ;
Il est digne de toi, la douleur l'a brisé.

Si tu le ranimois de sa première flamme,
Que bientôt il auroit sa joie et sa vigueur !
Mais non, fais plus pour moi, renouvelle mon âme,
Et daigne dans mon sein former un nouveau cœur.

De mes crimes alors je te ferai justice,
Et ma reconnoissance armera ta rigueur.
Oui, tu peux me laisser le soin de mon supplice :
Je veux être pour toi mon juge et ton vengeur.

Le tourment est toujours au crime nécessaire,
J'ai ma grâce à ce prix, il la faut mériter.
Je te dois, je le sais ; je veux te satisfaire :
Mais donne-moi, grand Dieu ! le temps de m'acquitter.

Plus heureux est celui que tu frappes en père :
Il connoit ton amour et ta sévérité :
Ici-bas, quels que soient les coups de ta colère,
L'enfant que tu punis n'est point déshérité.

Coupe, brûle ce corps ; mais épargne mon âme :
Frappe, fais-moi payer tout ce qui fut à toi,
Arme-toi dans le temps du fer et de la flamme :
Mais dans l'éternité, Seigneur, épargne-moi.

Quand j'aurois sous tes lois vécu depuis l'enfance,
Criminel en naissant, je ne dois que pleurer !
Pour me conduire à toi la route est la souffrance :
Loi triste, route affreuse... Entrons sans murmurer.

De la main de ton Fils j'accepte le calice :
Mais, hélas ! mais je sens ma main prête à tomber,
De ce trouble honteux mon cœur est-il complice ?
Je suis le criminel, dois-je donc reculer ?

C'est ton Fils qui le tient. Que ma foi se rallume :
Il l'a bu le premier, oserois-je en douter ?
Que dis-je, il en a bu la plus grande amertume,
Il m'en laisse le reste, et je n'ose en goûter !

Je me jette à tes pieds, ô Croix, chaire sublime
D'où le Dieu de douleur instruit tout l'Univers !
Saint autel, où l'amour embrase la victime !
Arbre où mon Rédempteur vient suspendre mes fers.

Etendard de mon chef, qui marche à notre tête,
Tribunal où j'adore et mon Juge et mon Roi ;
Trône et char du vainqueur dont je suis la conquête,
Lit où je pris le jour, que j'expire sur toi.

Pour le premier Dimanche de Carême.

Air N° 53.

TRAVAILLEZ à votre salut ;
Quand on le veut il est facile ;
Chrétiens, n'ayez point d'autre but :
Sans lui tout devient inutile.
Sans le salut, pensez-y bien,
Tout ne vous servira de rien.

Oh ! que l'on perd en le perdant !
On perd le céleste héritage ;
Au lieu d'un bonheur si charmant,
On a l'enfer pour son partage.
Sans le salut, etc.

Que sert de gagner l'Univers,
Dit Jésus, si l'on perd son âme,
Et s'il faut au fond des enfers
Brûler dans l'éternelle flamme ?
Sans le salut, etc.

Rien n'est digne d'empressement
Si ce n'est la vie éternelle ;
Tout le reste est amusement,
Tout n'est que pure bagatelle.
Sans le salut, etc.

C'est pour toute une éternité
Qu'on est heureux ou misérable :
Que devant cette vérité
Tout ce qui passe est méprisable !
Sans le salut, etc.

Grand Dieu! que tant que nous vivrons
Cette vérité nous pénètre!
Ah! faites que nous nous sauvions,
A quelque prix que ce puisse être.
Sans le salut, etc.

Pour le second Dimanche de Carême.

Sur l'air : *Bénissez le Seigneur suprême.* N° 31.

Nous passons comme une ombre vaine,
Nous ne naissons que pour mourir.
Quand la mort doit-elle venir?
L'heure en est incertaine.

La mort à tout âge est à craindre.
Chaque pas conduit au tombeau;
Tous nos jours ne sont qu'un flambeau
Qu'un souffle peut éteindre.

Je vois un torrent en furie
Disparoître après un moment;
Hélas! aussi rapidement
S'écoule notre vie.

Dans nos jardins la fleur nouvelle
Ne dure souvent qu'un matin;
Tel est, mortel, votre destin;
Vous passerez comme elle.

La mort doit nous réduire en poudre;
Vous mourrez, superbes guerriers:
N'espérez pas que vos lauriers
Vous sauvent de laudre.

Vous qu'on adore sur la terre,
Vous périrez, vaine beauté ;
Vous avez la fragilité
    Comme l'éclat du verre.

Vous qui faites trembler les autres,
Rois, arbitres de notre sort ;
Vous êtes sujets à la mort
    Ainsi que tous les vôtres.

Pourquoi donc cette attache extrême
Aux biens, aux honneurs, aux plaisirs ?
Hélas ! tout ce qui doit finir
    Mérite-t-il qu'on l'aime ?

Que la mort peut être funeste !
Que ce passage est important !
C'est le seul et fatal instant
    Qui décide du reste.

Ah ! tandis que tout m'abandonne,
Anges, ne m'abandonnez pas :
C'est du dernier de mes combats
    Que dépend ma couronne.

Et vous, ô Vierge débonnaire !
Venez ranimer mon ardeur ;
Je suis un perfide, un pécheur,
    Mais vous êtes ma mère.

Si je mérite tes vengeances,
Ah ! grand Dieu ! regarde ton fils ;
Il va t'offrir pour moi le prix
    De toutes ses souffrances.

C'est lui qui bannit nos alarmes
Dans ce redoutable moment ;
Quand on peut mourir en l'aimant,
Que la mort a de charmes !

Pour le troisième Dimanche de Carême.

Sur l'air : *Partez, puisque Mars*, etc. N° 54.

Dieu va déployer sa puissance :
Le temps comme un songe s'enfuit :
Les siècles sont passés, l'éternité commence,
Le monde va rentrer dans l'horreur de la nuit.
    Dieu, etc.

J'entends la trompette effrayante ;
Quel bruit ! quels lugubres éclairs !
Le Seigneur a lancé la foudre étincelante,
Et ses feux dévorans embrasent l'univers.
    J'entends, etc.

Les monts foudroyés se renversent ;
Les êtres sont tous confondus :
La mer ouvre son sein, les ondes se dispersent ;
Tout est dans le chaos, et la terre n'est plus.
    Les monts, etc.

Sortez des tombeaux, ô poussière,
Dépouille des pâles humains :
Le Seigneur vous appelle, il vous rend la lumière,
Il va sonder les cœurs et fixer vos destins.
    Sortez, etc.

Il vient, tout est dans le silence,
Sa croix porte au loin la terreur ;
Le pécheur consterné frémit à sa présence,
Et le juste lui-même est saisi de frayeur.
Il vient, etc.

Assis sur un trône de gloire,
Il dit : Venez, ô mes élus !
Comme moi vous avez remporté la victoire,
Recevez de mes mains le prix de vos vertus.
Assis, etc.

Tombez dans le sein des abîmes,
Tombez, pécheurs audacieux ;
De mon juste courroux, immortelles victimes,
Vils suppôts des démons, vous brûlerez comme eux.
Tombez, etc.

Vous n'êtes plus, vaines chimères,
Objet d'un sacrilége amour.
Fléau du genre humain, oppresseurs de vos frères,
Héros tant célébrés, qu'êtes-vous dans ce jour ?
Vous, etc.

Triste éternité de supplices,
Tu vas donc commencer ton cours ?
De l'heureuse Sion ineffables délices,
Bonheur, gloire des saints, vous durerez toujours.
Triste, etc.

Grand Dieu ! qui sera la victime
De ton implacable fureur ?
Quel noir pressentiment me tourmente et m'opprime !
La crainte et les remords me déchirent le cœur.
Grand Dieu, etc.

De tes jugemens, Dieu sévère,
Pourrai-je subir les rigueurs ?
J'ai péché ; mais ton sang désarme ta colère :
J'ai péché ; mais mon crime est éteint par mes pleurs.
De tes jugemens, etc.

Pour le quatrième Dimanche de Carême.

Sur l'air : *Père de l'univers.* Nº 22.

QUELLE fatale erreur ! quel charme nous entraîne !
Rien n'égala jamais notre stupidité ;
Il est pour les pécheurs une éternelle peine,
Et nous aimons l'iniquité !

De Dieu sur nos excès voyant le long silence,
On croit qu'impunément on le peut offenser ;
Mais s'il exerce tard sa terrible vengeance,
Son temps viendra de l'exercer.

C'est après notre mort que, montrant sa justice,
Il sait rendre à chacun ce qu'il a mérité ;
Mais, soit qu'alors sa main récompense ou punisse,
C'est pour toute une éternité.

Devant Dieu les damnés seront toujours coupables ;
En mourant criminels, ils sont morts endurcis ;
Il faut donc qu'en enfer des maux toujours durables
De tant de forfaits soient le prix.

La beauté du Seigneur, l'éternel héritage,
Les plaisirs ravissans du céleste séjour
Jamais des réprouvés ne seront le partage :
Ils ont tout perdu sans retour.

O brasier de l'enfer! ô flammes dévorantes
Qu'un Dieu dans son courroux ne cesse d'allumer!
Vous brûlez le pécheur dans ces prisons ardentes,
    Hélas! mais sans le consumer.

Malheureux, que la mort leur semble désirable!
Ils voudroient n'être plus, pour cesser de souffrir;
Mais c'est du ciel contre eux l'arrêt irrévocable :
    Souffrir toujours, jamais mourir.

Toujours dans leurs tourmens la même violence!
Non, ils n'espèrent point un état plus heureux :
Est-il dans les enfers un rayon d'espérance?
    Toujours un désespoir affreux.

Un mal, quoique léger, nous semble insupportable,
Lorsque c'est pour long-temps qu'il nous faut l'endurer ;
Mais l'enfer est le mal le plus intolérable :
    Et l'enfer doit toujours durer!

Après avoir souffert des millions d'années,
Et le plus long des temps que l'esprit peut penser,
Les damnés, loin de voir leurs peines terminées,
    Les sentiront recommencer.

De ces peines sans fin la pensée accablante
Afflige leur esprit sans cesser un moment :
L'éternité pour eux tout entière est présente ;
    L'éternité fait leur tourment.

Eternels hurlemens, tortures éternelles!
Feux, brasiers éternels, éternelle fureur!
O peines de l'enfer, que vous êtes cruelles!
    Je le crois, et je suis pécheur!

O vous, cœurs obstinés, aveugles dans le crime,
Qui ne redoutez point les coups vengeurs des cieux !
Un jour ensevelis dans l'éternel abîme,
    Trop tard vous ouvrirez les yeux.

Craignons, mortels, craignons ce gouffre formidable ;
Portons-en dans l'esprit un souvenir constant :
Le vice alors pour nous n'aura plus rien d'aimable,
    La vertu rien de rebutant.

Grand Dieu ! Dieu tout-puissant, terrible en vos vengeance
Purifiez nos cœurs avant notre trépas :
Coupez, brûlez, tranchez : punissez nos offenses,
    Pour toujours ne nous perdez pas.

Pour le Dimanche de la Passion.

Air N° 55.

Au sang qu'un Dieu va répandre,
Ah ! mêlez du moins vos pleurs,
Chrétiens qui venez entendre
Le récit de ses douleurs ;
Puisque c'est pour vos offenses
Que ce Dieu souffre aujourd'hui,
Animés par ses souffrances,
Vivez et mourez pour lui.

Dans un jardin solitaire
Il sent de rudes combats ;
Il prie, il craint, il espère ;
Son cœur veut et ne veut pas :
Tantôt la crainte est plus forte,
Et tantôt l'amour plus fort ;
Mais enfin l'amour l'emporte
Et lui fait choisir la mort.

Judas, que la fureur guide,
L'aborde d'un air soumis;
Il l'embrasse, et ce perfide
Le livre à ses ennemis.
Judas, un pécheur t'imite
Quand il feint de l'apaiser;
Souvent sa bouche hypocrite
Le trahit par un baiser.

On l'abandonne à la rage
De cent tigres inhumains;
Sur son aimable visage
Les soldats portent leurs mains.
Vous deviez, anges fidèles,
Témoins de ces attentats,
Ou le mettre sous vos ailes,
Ou frapper tous ces ingrats.

Ils le traînent au grand-prêtre
Qui seconde leur fureur
Et ne veut le reconnoître
Que pour un blasphémateur,
Quand il jugera la terre
Ce Sauveur aura son tour;
Aux éclats de son tonnerre
Tu le connoîtras un jour.

Tandis qu'il se sacrifie
Tout conspire à l'outrager;
Pierre lui-même l'oublie,
Et le traite d'étranger;
Mais Jésus perce son âme
D'un regard tendre et vainqueur,
Et met d'un seul trait de flamme
Le repentir dans son cœur.

Chez Pilate, on le compare
Au dernier des scélérats :
Qu'entends-je, ô peuple barbare!
Tes cris sont pour Barabbas.
Quelle indigne préférence!
Le juste est abandonné,
On condamne l'innocence,
Et le crime est pardonné.

On le dépouille, on l'attache ;
Chacun arme son courroux :
Je vois cet agneau sans tache,
Tombant presque sous les coups :
C'est à nous d'être victimes,
Arrêtez, cruels bourreaux !
C'est pour effacer nos crimes
Que son sang coule à grands flots.

Une couronne cruelle
Perce son auguste front ;
A ce chef, à ce modèle,
Mondains, vous faites affront.
Il languit dans les supplices,
C'est un homme de douleurs :
Vous vivez dans les délices,
Vous vous couronnez de fleurs.

Il marche, il monte au Calvaire,
Chargé d'un infâme bois ;
De là, comme d'une chaire,
Il fait entendre sa voix.
Ciel, dérobe à la vengeance
Ceux qui m'osent outrager ;
C'est ainsi, quand on l'offense,
Qu'un chrétien doit se venger.

Une troupe mutinée
L'insulte et crie à l'envi :
S'il changeoit sa destinée
Nous croirions tous en lui.
Il peut la changer sans peine,
Malgré vos nœuds et vos clous ;
Mais le nœud qui seul l'enchaine,
C'est l'amour qu'il a pour nous.

Ah! de ce lit de souffrance,
Seigneur, ne descendez pas :
Suspendez votre puissance,
Restez-y jusqu'au trépas ;
Mais tenez votre promesse,
Attirez-nous après vous ;
Pour prix de votre tendresse,
Puissions-nous y mourir tous !

Il expire, et la nature
Dans lui pleure son auteur ;
Il n'est point de créature
Qui ne marque sa douleur.
Un spectacle si terrible
Ne pourra-t-il me toucher ?
Et serais-je moins sensible
Que n'est le plus dur rocher ?

Pour le Dimanche des Rameaux.

MYSTÈRES DE LA PASSION DE N. S. J. C.

Sur l'air : *Grâce, grâce, Seigneur.* N° 52.

JÉSUS AU JARDIN.

Est-ce vous que je vois, ô mon maître adorable,
Pâle, abattu, sanglant, victime des douleurs ?
Falloit-il à ce prix racheter un coupable,
Qui même à votre sang ne mêle pas ses pleurs ?

JÉSUS TRAHI.

Judas vous livre aux Juifs dans sa fureur extrême.
Peut-il à cet excès, le traître, vous haïr !
Comme lui, mille fois je dis que je vous aime,
Et je ne rougis point, ingrat, de vous trahir !

JÉSUS PRIS.

On vous charge de fers, innocente victime ;
Peuple, prêtres, et Roi, tous s'arment contre vous :
Si le ciel est si lent à venger un tel crime,
C'est votre amour, Jésus, qui suspend son courroux.

JÉSUS MOQUÉ.

On vous couvre d'affronts, on vous raille, on vous frappe :
Mépris, soufflets, crachats, rien ne peut vous aigrir ;
Nul murmure secret, nul mot ne vous échappe :
Et moi, sans éclater, je ne puis rien souffrir !

JÉSUS FLAGELLÉ.

O barbare fureur! dans son sang un Dieu nage;
Sur lui mille bourreaux s'acharnent tour à tour,
Ils redoublent leurs coups, ils épuisent leur rage,
Mais rien ne peut jamais affoiblir son amour.

JÉSUS COURONNÉ D'ÉPINES.

Quand je vois mon Sauveur, mon chef et mon modèle,
Ceint d'un bandeau sanglant d'épines de douleurs,
Combien dois-je rougir, lâche, infâme, infidèle,
D'aimer à me plonger dans le sein des douceurs!

JÉSUS CRUCIFIÉ.

Quel spectacle effrayant! ô ciel, quelle injustice!
Jésus, quoique innocent, en croix meurt attaché;
Un Dieu juste, un Dieu bon ordonne ce supplice:
Jugez de là, mortels, quel mal est le péché!

JÉSUS ÉLEVÉ EN CROIX.

Votre fils expirant, entre vous et la terre,
Est comme un mur, grand Dieu! qui pare à tous vos coups;
S'il vous plaît de nous perdre, il faut que le tonnerre
Frappe ce fils chéri pour venir jusqu'à nous.

RÉFLEXION.

Tu le vois mort, pécheur, ce Dieu qui t'a fait naître!
Sa mort est ton ouvrage, et devient ton appui:
A ce trait de bonté tu dois au moins connoître
Que, s'il est mort pour toi, tu dois vivre pour lui.

CONCLUSION.

O victime d'amour! ô noble sacrifice!
O sanglante agonie! ô cruelles rigueurs!
O trépas bienheureux! salutaire supplice,
Vous serez à jamais l'entretien de nos cœurs.

POUR LE SAINT JOUR DE PAQUES.

Air N° 56.

Cesse tes concerts funèbres ;
Le jour qu'attendoit ta foi,
Du sombre sein des ténèbres,
O Sion ! paroît pour toi :
Ton Dieu, maître des miracles,
Par un prodige nouveau,
Pour accomplir ses oracles,
Sort vainqueur de son tombeau.

Allez, apôtres timides ;
De Jésus ressuscité
Devant ces juges perfides
Prêchez la divinité.
Parlez.... Qu'aujourd'hui les traîtres
Apprennent en frémissant,
Que le Dieu de leurs ancêtres
Est le seul Dieu tout-puissant.

Sa gloire étoit moins brillante
Et jetoit bien moins d'effroi
Sur la montagne brûlante
Où sa main grava sa loi :
La victoire le couronne,
La croix devance ses pas ;
D'un bras vengeur, à son trône,
Il enchaîne le trépas.

Quand du sein de la poussière
Jésus se lève vainqueur,
Qui le rend à la lumière ?
Qui nous rend notre Sauveur ?

C'est lui : ses mains invincibles
Ont soudain et sans effort,
Brisé les portes terribles
De l'enfer et de la mort.

En vain, peuple déicide,
Tu fais sceller son tombeau !
De ta présence stupide
Il rit, et brise ton sceau ;
Etendu sur la poussière,
Ton satellite cruel
Attend qu'un coup de tonnerre
L'écrase et venge le ciel.

Rentrez enfin dans vous-mêmes,
Cœurs barbares et jaloux ;
Craignez les rigueurs extrêmes
D'un juge armé contre vous ;
Changez.... Tout pécheur qui change
Sans retour n'est pas proscrit :
Ce Dieu juste, qui se venge,
Est un Dieu qui s'attendrit.

Loin de consommer ton crime
Par l'horreur du désespoir,
Gémis, ingrate Solyme....
Un soupir peut l'émouvoir :
Bien plus doux qu'il n'est à craindre
Pécheurs, s'il tonne sur vous,
Une larme peut éteindre
Tous les feux de son courroux.

Doutez-vous de sa tendresse ?
Il vous a donné son cœur ;
Il vous invite, il vous presse
D'avoir part à son bonheur :
Volez, hâtez-vous de suivre
Votre guide, votre appui ;
Mais sachez qu'il faut revivre
Pour triompher avec lui.

Autre pour le même Jour.

Air de la marche des janissaires. N° 57.

Jésus paroit en vainqueur ;
Sa bonté, sa douceur
Est égale à sa grandeur.
Jésus paroit en vainqueur ;
Aujourd'hui donnons-lui notre cœur.
Malgré nos forfaits,
Ses dons, ses bienfaits,
Ses divins attraits
Ne nous parlent que de paix.
Pleurons nos forfaits,
Chantons ses bienfaits,
Rendons-nous à ses divins attraits.

Que tout éclate en concerts !
Jésus brise les fers
De la mort et des enfers.
Que tout éclate en concerts !
Que son nom réjouisse les airs !
Juste ciel ! quel choix !
Quoi ! le roi des rois
A dû, par sa croix,
Au ciel acquérir ses droits !
Embrassons la croix ;
Que ce libre choix
Au ciel assure à jamais nos droits !

O mort, où sont-ils tes dards ?
Je vois de toutes parts
Tomber tes noirs étendards.
O mort, où sont-ils tes dards ?
Mon Sauveur a détruit tes remparts.

En vain de ton bras
Tu le saisiras ;
En vain dans tes lacs,
O mort, tu l'entraveras.
Libre, en tes états
Il porte ses pas,
Et vainqueur enchaine le trépas.

Je vois la mort sans effroi ;
Mon seigneur et mon roi
En a triomphé pour moi.
Je vois la mort sans effroi ;
Ce mystère est l'appui de ma foi.
Ah ! si son amour
N'a jusqu'à ce jour
Trouvé nul retour
Dans ce terrestre séjour,
Du moins, en ce jour,
Cet excès d'amour
Sera payé d'un juste retour.

Pour le Dimanche de Quasimodo.

Air N° 58.

Goutez, âmes ferventes,
Goûtez votre bonheur ;
Mais demeurez constantes
Dans votre sainte ardeur.
Heureux le cœur fidèle
Où règne la ferveur !
On possède avec elle
Tous les dons du Seigneur,
Tous les dons du Seigneur.

Fin.

Elle est le vrai partage
Et le sceau des élus ;
Elle est l'appui , le gage
Et l'âme des vertus. Heureux, etc.

Par elle la foi vive
S'allume dans les cœurs,
Et sa lumière active
Guide et règle nos mœurs. Heureux , etc.

Par elle l'espérance
Ranime ses soupirs ,
Et croit jouir d'avance
Du Dieu de ses désirs. Heureux, etc.

Par elle dans les âmes
S'accroît de jour en jour
L'activité des flammes
Du saint, du pur amour. Heureux, etc.

C'est sa vertu puissante
Qui garantit nos sens
De l'amorce attrayante
Des plaisirs séduisans. Heureux, etc.

C'est sous sa vigilance
Que l'esprit, que le cœur
Gardent leur innocence,
Et sauvent leur pudeur. Heureux, etc.

C'est elle qui de l'âme
Dévoile la grandeur,
Et le zèle s'enflamme
Par sa vive chaleur. Heureux, etc.

De l'âme pénitente
Elle rend doux les pleurs,
Et de l'âme souffrante
Ele éteint les douleurs. Heureux, etc.

Celui qui fut docile
A vivre sous ses lois,
Courut d'un pas agile
La route de la croix. Heureux, etc.

Par elle du martyre
Les sanglantes rigueurs,
Au cœur qui le désire,
N'offrent que des douceurs. Heureux, etc.

Elle est, pour qui seconde
Ses généreux efforts,
Une source féconde
De célestes trésors. Heureux, etc.

Une larme sincère,
Un seul soupir du cœur,
Par elle a de quoi plaire
Aux yeux purs du Seigneur. Heureux, etc.

C'est elle qui prépare
Tous ces traits de beauté,
Dont la main de Dieu pare
Les saints dans sa clarté. Heureux, etc.

Sous ses heureux auspices
On goûte les bienfaits,
Les charmes, les délices
De la plus douce paix. Heureux, etc.

Mais sans sa vive flamme
Tout déplait, tout languit ;
Et la beauté de l'âme
Se fane et dépérit.
Heureux le cœur fidèle
Où règne la ferveur !
On n'a part qu'avec elle
Aux bontés du Seigneur.

Pour le deuxième Dimanche après Pâques.

Air N° 59.

Que Jésus est un bon maitre,
Et qu'il est doux de l'aimer !
Bienheureux qui sait connoître
Combien il peut nous charmer !

    Divin Sauveur !
    Beauté suprème !
    Oui, je vous aime ;
    Divin Sauveur !
Je vous aime, je vous aime
    De tout mon cœur.
    De tout mon cœur.   *Fin.*

Mettons-nous sous son empire,
Soyons à lui pour jamais,
Et que notre âme n'aspire
Qu'à goûter ses saints attraits. Divin, etc.

Sans Jésus rien ne peut plaire,
Tout est dur, tout est amer ;
Tout est disgrâce, misère,
Désespoir, tourment, enfer. Divin, etc.

Avec lui tout est délices,
Tout est source de douceurs,
Tout est avant-goût, prémices
Du séjour de son bonheur. Divin, etc.

Avec lui de l'indigence
L'on ne craint point les rigueurs ;
Avec lui de l'opulence
On dédaigne les faveurs. Divin, etc.

Il est seul et ma richesse,
Et mon bien, et mon trésor,
Et je prise sa tendresse
Plus que tout l'éclat de l'or. Divin, etc.

Aimer le monde est folie ;
L'homme qui s'attache à lui,
Tel qu'un foible roseau plie,
Et tombe avec son appui. Divin, etc.

Mais le sage véritab'e,
Dont Jésus est le recours,
Fut toujours inébranlable,
Sous l'abri de son secours. Divin, etc.

La faveur du monde passe,
Aussi prompte que le temps,
Et de longs jours de disgrâces
Suivent ses premiers instans. Divin, etc.

De Jésus l'amour fidèle
Ne trompa jamais nos vœux ;
Une foi toujours nouvelle
En serre à jamais les nœuds. Divin, etc.

De l'amour dont Jésus aime
Rien ne peut rompre le cours ;
Et l'instant de la mort même
L'unit à nous pour toujours. Divin, etc.

Mais les amitiés mortelles,
Fissent-elles un sort doux,
Nous périssons avec elles,
Elles meurent avec nous. Divin, etc.

Contre nous la force humaine
Portât-elle tous ses coups,
Que pourroit toute sa haine,
Si Jésus étoit pour nous?.... Divin, etc.

L'Univers et ses idoles
En vain m'offrent un soutien ;
Leurs appuis sont tous frivoles ,
Si Jésus m'ôte le sien.... Divin , etc.

Mais Jésus veut qu'on le serve
Sans relâche et sans langueur ,
Et ne souffre ni réserve
Ni partage dans un cœur.... Divin , etc.

Plus ce Dieu d'amour nous aime ,
Plus devons-nous, par retour ,
Quitter et tout , et nous-même ,
Pour être à son seul amour. Divin , etc.

Pour le troisième Dimanche après Pâques.

Air N° 60.

Le monde en vain , par ses biens et ses charmes ,
    Veut m'engager à vivre sous sa loi ;
Mais pour me vaincre il faut bien d'autres armes ;
    Je ne crains rien , Jésus est avec moi.

Venez , venez , puissances de la terre ;
    Déchaînez-vous pour me ravir ma foi :
Quand de concert vous me feriez la guerre ,
    Je ne crains rien , Jésus est avec moi.

Cruel Satan , arme-toi de ta rage ;
    Que tes démons se liguent avec toi :
Tu ne pourras abattre mon courage ;
    Je ne crains rien , Jésus est avec moi.

Non , non , jamais la mort la plus cruelle
    Ne me fera trahir ce divin Roi ;
Jusqu'au trépas je lui serai fidèle ;
    Je ne crains rien , Jésus est avec moi.

Que les enfers, les airs, la terre et l'onde
    Conspirent tous à me remplir d'effroi :
Quand je verrois crouler sur moi le monde,
    Je ne crains rien, Jésus est avec moi.

Divin Jésus, mon unique espérance,
    Vous pouvez tout ; oui, Seigneur, je le crois :
Mon cœur en vous est plein de confiance ;
    Je ne crains rien, Jésus est avec moi.

Pour le quatrième Dimanche après Pâques.

OUVERTURE DE LA RETRAITE DE LA PREMIÈRE COMMUNION.

Air N° 61.

QUEL doux penser me transporte et m'enflamme !
O mon Jésus, c'est vous que j'aperçois ;
Trois jours encore, et je vais dans mon âme
Vous posséder pour la première fois !

CHOEUR.

Quoi ! dans trois jours, vous viendrez dans mon âme
La posséder pour la première fois !

Ah ! bienheureux le cœur tendre et fidèle !....
Mais qu'il s'en faut, Seigneur, que je le sois !
Et je pourrois, insensible et rebelle,
M'unir à vous pour la première fois !
    CHOEUR. Quoi ! dans trois jours, etc.

Mais qu'ai-je dit ? sa bonté m'encourage,
De mes péchés je ne sens plus le poids.
Ah ! dans trois jours, achevez votre ouvrage,
Venez à moi pour la première fois.
    CHOEUR. Quoi ! dans trois jours, etc.

Agneau sans tache, immolé pour le monde,
Vous le sauvez en mourant sur la croix.
C'est sur vous seul que mon espoir se fonde :
Venez à moi pour la première fois.
    Chœur. Quoi ! dans trois jours, etc.

Festin du ciel, pain sacré, chair divine,
Par mes désirs déjà je vous reçois.
Mon doux Jésus à mon cœur les destine ;
C'est dans trois jours pour la première fois.
    Chœur. Quoi ! dans trois jours, etc.

Un foible enfant, et le Dieu de puissance !....
A votre amour vous cédez, je le vois.
Confus, ravi, transporté, je m'avance ;
Venez, mon Dieu, pour la première fois.
    Chœur. Quoi ! dans trois jours, etc.

Pour la Retraite de la première Communion.

(*Voyez* les Cantiques, pag. 93 et suiv.)

Sentimens de Pénitence.

Paraphrase du psaume *De profundis.*

Air N° 13.

De ce profond, de cet affreux abime
Où je me suis imprudemment jeté,
Le cœur brisé du regret de mon crime,
J'ose implorer, Seigneur, votre bonté.

Prêtez l'oreille à l'ardente prière,
Voyez les pleurs d'un enfant malheureux :
Quoique pécheur, il voit dans vous un Père,
Pouvez-vous être insensible à ses vœux ?

Si vous voulez, sans user de clémence,
Compter, peser tous nos déréglemens;
Ah! qui pourra, malgré son innocence,
Se rassurer contre vos jugemens?

Mais vous aimez à vous rendre propice,
Et votre bras, toujours lent à punir,
Se plait à voir désarmer sa justice;
Heureux celui qui sait la prévenir!

Cette bonté dans mes maux me console;
Et quoiqu'il plaise au Seigneur d'ordonner,
Je souffre en paix sur sa sainte parole;
Quand il nous frappe il veut nous pardonner.

Ah! qu'Israël en Dieu toujours espère,
Qu'il en réclame avec foi le secours;
Ce Dieu puissant, son Défenseur, son Père,
Dans ses dangers le protégea toujours.

Entre les bras de sa miséricorde
Avec tendresse il reçoit les pécheurs;
Et son amour, au pardon qu'il accorde,
Ajoute encor les plus grandes faveurs.

Peuple autrefois l'objet de sa vengeance,
Ne gémis plus sur ta captivité;
Bientôt il va briser dans sa clémence
Tous les liens de ton iniquité.

Regrets d'une Ame Pénitente.

Air N° 62.

Comment goûter quelque repos
Dans les tourmens d'un cœur coupable!
Loin de vous, ô Dieu tout aimable,
Tous les biens ne sont que des maux.
J'ai fui la maison de mon Père,
A la voix d'un monde enchanté;
Il promet 'a félicité,
Mais il n'enfante que misère.   *(bis.)*

Vois, me disoit-il, vois le temps
Emporter ta belle jeunesse;
Tu cueilles l'épine qui blesse,
Au lieu des roses du printemps.
Le perfide, pour ma ruine,
Cachoit l'épine sous les fleurs;
Mais vous, ô Dieu plein de douceurs!
Vous cachez les fleurs sous l'épine.   *(bis.)*

Créateur justement jaloux,
Ah! voyez ma douleur profonde;
Ce que j'ai souffert pour le monde,
Si je l'avois souffert pour vous !
J'ai poursuivi dans les alarmes
Le fantôme des vains plaisirs ;
Ah! j'ai semé dans les soupirs,
Et je moissonne dans les larmes.   *(bis.)*

Qui me rendra de la vertu
Les douces, les heureuses chaînes?
Mon cœur sous le poids de ses peines
Succombe et languit abattu.
J'espérois ! ô triste folie !
Vivre tranquille et criminel;
J'oublicis l'oracle éternel ;
Il n'est point de paix pour l'impie.   *(bis.)*

De mon abime, ô Dieu clément,
J'ose t'adresser ma prière :
Cessas-tu donc d'être mon Père,
Si je fus un indigne enfant ?
Hélas ! le lever de l'aurore
Aux pleurs trouve mes yeux ouverts,
Et la nuit couvre l'univers
Que mon âme gémit encore.   (*bis.*)

A peine a brillé ma raison,
Qu'à ton amour j'ai fait outrage ;
J'ai dissipé ton héritage,
J'ai déshonoré ta Maison :
Je n'ose demander ma place,
Ni prendre le nom de ton fils ;
Parmi tes serviteurs admis,
A ta bonté je rendrois grâce.   (*bis.*)

Mais quelle voix !.. Qu'ai-je entendu ?
« D'instrumens que l'air retentisse ;
» Que le Ciel lui-même applaudisse :
» Mon cher fils enfin m'est rendu. »
Dieu ! je vois mon Père, il s'empresse ;
L'amour précipite ses pas :
Il veut me serrer dans ses bras,
Baigné des pleurs de sa tendresse.   (*bis.*)

Ce Père tendre et plein d'amour,
Mon âme, c'est ton Dieu lui-même ;
En fait-il assez pour qu'on l'aime ?
Sois fidèle enfin sans retour.
Que ta bonté, Seigneur, efface
Les jours où j'oubliai ta loi !
Un pécheur qui revient à toi
Est le chef-d'œuvre de ta grâce.   (*bis.*)

Même sujet.

Air N° 64.

Hélas! quelle douleur
Remplit mon cœur,
Fait couler mes larmes!
Hélas! quelle douleur
Remplit mon cœur
De crainte et d'horreur!
Autrefois,
Seigneur, sans alarmes,
De tes lois
Je goûtai les charmes;
Hélas! vœux superflus!
Beaux jours perdus,
Vous ne serez plus.

La mort déjà me suit;
O triste nuit,
Déjà je succombe!
La mort déjà me suit;
Le monde fuit;
Tout s'évanouit.
Je la vois
Entr'ouvrant ma tombe,
Et sa voix
M'appelle, et j'y tombe.
O mort, cruelle mort!
Si jeune encor!...
Quel funeste sort!

Frémis, ingrat pécheur;
Un Dieu vengeur,
D'un regard sévère....
Frémis, ingrat pécheur,
Un Dieu vengeur
Va sonder ton cœur.

Malheureux !
Entends son tonnerre ;
Si tu peux,
Soutiens sa colère.
Frémis ; seul aujourd'hui,
Sans nul appui,
Parois devant lui.

Grand Dieu ! quel jour affreux
Luit à mes yeux !
Quel horrible abîme !
Grand Dieu ! quel jour affreux
Luit à mes yeux !
Quels lugubres feux !
Oui , l'enfer,
Vengeur de mon crime,
Est ouvert,
Attend sa victime.
Grand Dieu ! quel avenir !
Pleurer, gémir,
Toujours te haïr !

Beau ciel , je t'ai perdu,
Je t'ai vendu,
Pour de vains caprices.
Beau ciel , je t'ai perdu ;
Je t'ai vendu ;
Regret superflu !
Loin de toi,
Toutes les délices
Sont pour moi
De nouveaux supplices.
Beau ciel , toi que j'aimois,
Qui me charmois,
Ne te voir jamais !...

O vous, amis pieux,
Toujours joyeux,
Et pleins d'espérance !
O vous, amis pieux,

Toujours joyeux,
Moi seul malheureux !
J'ai voulu
Sortir de l'enfance ;
J'ai perdu
L'aimable innocence.
O vous, du ciel un jour
Heureuse cour !
Adieu, sans retour.

Non, non, c'est une erreur :
Dans mon malheur,
Hélas ! je m'oublie ;
Non, non, c'est une erreur :
Dans mon malheur,
Je trouve un Sauveur.
Il m'entend,
Me réconcilie,
Dans son sang
Je reprends la vie,
Non, non, je l'aime encor,
Et le remords
A changé mon sort.

Jésus, manne des cieux,
Pain des heureux,
Mon cœur te réclame :
Jésus, manne des cieux,
Pain des heureux,
Viens combler mes vœux.
Désormais
Ta divine flamme
Pour jamais
Embrase mon âme.
Jésus, ô mon Sauveur,
Fais de mon cœur
L'éternel bonheur.

POUR LE JOUR DE LA PREMIÈRE COMMUNION.

AVANT LA COMMUNION.

Air N° 65.

Mon Bien-aimé ne paroit pas encore :
Trop longue nuit, dureras-tu toujours?
    Tardive aurore, hâte ton cours ;
Rends-moi Jésus, ma joie et mes amours ;
Mon doux Jésus, que seul j'aime et j'implore.

De ton flambeau déjà les étincelles,
Astre du jour, raniment mes désirs ;
    Tu renouvelles tous mes soupirs.
Servez mes vœux, avancez mes plaisirs ;
Anges du Ciel, portez-moi sur vos ailes.

Je t'aperçois, asile redoutable,
Où l'Eternel descend de sa grandeur ;
    Temple adorable du Rédempteur,
Si dans tes murs il voile sa splendeur,
Ce Dieu d'amour n'en est que plus aimable.

Sans nul éclat le vrai Dieu va paroitre ;
De cet Autel il vient s'unir à moi.
    Est-ce mon Maitre? est-ce mon Roi?
Laissez, mes yeux, laissez agir ma foi ;
Un œil chrétien ne peut le méconnoître.

Autre.

Air N° 66.

Quel beau jour ! quel bonheur suprême !
Enfans, élevez vos concerts :
La terre devient le ciel même ;
Voici le Dieu de l'univers.
Que l'amour s'unisse à la crainte ;
Le Verbe descend parmi vous :
Foibles |mortels, abaissez-vous
    Sous sa majesté sainte.

CHOEUR.

Unissons l'amour à la crainte :
Le Verbe descend parmi nous :
Foibles mortels, abaissons-nous
    Sous sa majesté sainte.

Sa voix me convie à sa table,
Sa main y verse le bonheur ;
De son amour inépuisable
Je vais donc goûter la douceur.
Unissons l'amour, etc.

Tendre Pasteur, comme il s'empresse
A me témoigner son amour !
Une mère a moins de tendresse
Pour l'enfant qu'elle a mis au jour.
Unissons l'amour, etc.

Son trône est porté par les Anges,
Il vole sur l'aile des vents.
Il daigne accepter les louanges
De ceux qu'il nomme ses enfans.
Unissons l'amour, etc.

Eh quoi! ce Dieu bon veut qu'on l'aime;
Il daigne habiter en ces lieux.
Que dis-je? il se donne lui-même :
C'est le plus beau présent des cieux.
Unissons l'amour , etc.

Sainte Sion, sois embrasée
D'une nouvelle et sainte ardeur.
Les cieux répandent leur rosée ,
La terre enfante son Sauveur.
Unissons l'amour, etc.

Seigneur, dans ce nouveau cénacle ,
Heureux qui goûte tes bienfaits
A l'ombre de ton tabernacle....
Plus heureux qui n'en soit jamais !
Unissons l'amour, etc.

Autre.

Air : *Petits oiseaux.* N° 67.

Tu vas remplir le vœu de ma tendresse ,
Divin Jésus ; tu vas me rendre heureux.
O saint amour ! délicieuse ivresse !
Dans ce moment mon âme est tout en feux.

Ne tarde plus, doux Sauveur, tendre Père ,
Ne tarde plus à visiter mon cœur ;
Rien , sans Jésus, ne peut le satisfaire ,
Tout autre objet est pour lui sans douceur.

Divin Epoux , tu descends dans mon âme ;
C'est aujourd'hui le plus beau de mes jours.
Que tout en moi se ranime et s'enflamme :
Mon doux Jésus, je t'aimerai toujours.

Il est à moi, ce Dieu si plein de charmes,
Mon bien-aimé, mon aimable Sauveur;
Echappez-vous de mes yeux, douces larmes,
Coulez, coulez, attestez mon bonheur.

O sort heureux! ô sort inestimable!
Du saint amour je goûte les douceurs.
D'un feu si beau, si pur, si désirable,
Ah! que je sente à jamais les ardeurs!

Actes avant la Communion.

Sur l'air : *Dans cette étable.* N° 41.

TROUPE innocente
D'enfans chéris des cieux,
Dieu vous présente
Son festin précieux ;
Il veut, ce doux Sauveur,
Entrer dans votre cœur :
Dans cette heureuse attente,
Soyez pleins de ferveur,
Troupe innocente.

ACTE DE FOI ET D'ADORATION.

Mon divin Maître!
Par quel amour, comment
Daignez-vous être
Dans votre Sacrement?
Vous y venez pour moi :
Plein d'une vive foi,
J'y viens vous reconnoître
Pour mon Sauveur, mon Roi,
Mon divin Maître.

ACTE D'HUMILITÉ.

Dieu de puissance !
Je ne suis qu'un pécheur ;
Votre présence
Me remplit de frayeur ;
Mais pour voir effacés
Tous mes péchés passés,
Un seul trait de clémence,
Un mot seul est assez,
Dieu de puissance !

ACTE DE CONTRITION.

Mon tendre Père,
Acceptez les regrets
D'un cœur sincère,
Honteux de ses excès ;
Vous m'en verrez gémir
Jusqu'au dernier soupir :
Avant de vous déplaire,
Puissé-je ici mourir,
Mon tendre Père !

ACTE D'AMOUR.

Plus je vous aime,
Plus je veux vous aimer,
O bien suprême,
Qui seul peut me charmer !
Mais, ô Dieu plein d'attraits !
Quand avec vos bienfaits
Vous vous donnez vous-même,
Plus en vous je me plais,
Plus je vous aime.

ACTE DE DÉSIR.

Que je désire
De ne m'unir qu'à vous!
Que je soupire
Après un bien si doux!
Oh! quand pourra mon cœur
Goûter tout le bonheur
D'être sous votre empire!
Hâtez-moi la faveur
Que je désire.

Après la Communion.

Sur l'air : *Mon bien-aimé.* N° 65.

Du Roi des Rois je suis le Tabernacle;
Oui, de mon âme un Dieu devient l'époux.
      Charmant spectacle! espoir trop doux!
Rendez, grand Dieu, mon cœur digne de vous;
Votre amour seul peut faire ce miracle.

Je m'attendris sans trouble et sans alarmes;
Amour divin, je ressens vos langueurs.
      Heureuses larmes! aimables pleurs!
Oh! que mon cœur y trouve de douceurs!
Tous vos plaisirs mondains ont-ils ces charmes?

Tristes penchans, malheureux fruits du crime,
C'est vous qu'il veut que j'immole à son choix :
      Ce Dieu m'anime; suivons ses lois.
Parlez, Seigneur, j'écoute votre voix :
Mon cœur est prêt, nommez-lui la victime.

Ce pain des forts soutiendra mon courage.
Venez, démons, de mon bonheur jaloux;
      Que votre rage vous arme tous :
Je ne crains point vos plus terribles coups;
De ma victoire un Dieu devient le gage.

Il me remplit d'une douce espérance,
Qui me suivra plus loin que le trépas :
  Si sa puissance soutient mon bras,
C'est peu pour lui d'animer mes combats,
Il veut encore être ma récompense.

Pour un pécheur que sa tendresse est grande !
Qu'elle mérite un généreux retour !
  Mais quelle offrande pour tant d'amour ?
Prenez mon cœur, ô mon Dieu, dans ce jour ;
C'est le seul don que votre cœur demande.

Autre.

Air N° 68.

Qu'ils sont aimés, grand Dieu, tes Tabernacles !
Qu'ils sont aimés et chéris de mon cœur !
Là tu te plais à rendre tes oracles ;
La foi triomphe, et l'amour est vainqueur.

Qu'il est heureux celui qui te contemple,
Et qui soupire aux pieds de tes Autels !
Un seul moment qu'on passe dans ton Temple
Vaut mieux qu'un siècle aux palais des mortels.

Je nage au sein des plus pures délices ;
Le Ciel entier, le Ciel est dans mon cœur :
Dieu de bonté ! de faibles sacrifices
Méritoient-ils cet excès de bonheur ?

En les comblant, par un charme suprême,
Un Dieu puissant irrite mes désirs :
Il me consume, et je sens que je l'aime ;
Et cependant je m'exhale en soupirs.

Autour de moi les Anges, en silence,
D'un Dieu caché contemplent la splendeur :
Anéantis en sa sainte présence....
O Chérubins ! enviez mon bonheur !

Et je pourrois, à ce monde qui passe,
Donner un cœur par Dieu même habité !
Non, non, mon Dieu, je puis tout par ta grâce.
Dieu, sauve-moi de ma fragilité.

En Souverain règne, commande, immole ;
Règne surtout par le droit de l'amour.
Adieu, plaisirs ; adieu, monde frivole ;
A Jésus seul j'appartiens sans retour.

Autre.

Air N° 69.

Je l'ai trouvé, le seul objet que j'aime ;
Je l'ai trouvé, je ne le quitte plus.
Je le possède au milieu de moi-même ;
Oui, je le tiens, mon cœur dit : c'est Jésus.

Oui, c'est Jésus, le trésor de la terre,
Oui, c'est Jésus, la richesse des cieux ;
C'est notre Dieu, notre ami, notre père,
Dont la beauté ravit les Bienheureux.

O doux Jésus, ô source souveraine
Des biens parfaits, des célestes faveurs ;
Ah ! liez-moi d'une puissante chaine,
Eternissez l'union de nos cœurs.

Oui, je le sens, Jésus est dans mon âme,
Par sa présence il réjouit mon cœur ;
Il me console, il m'instruit, il m'enflamme,
Me fait goûter déjà le vrai bonheur.

Pour m'assurer cette joie ineffable,
Je n'aimerai que Jésus mon Sauveur ;
Je ne verrai, hors de lui, rien d'aimable ;
Il aura seul mon esprit et mon cœur.

Autre.

Air N.º 34.

L'encens divin embaume cet asile :
Quel doux concert ! quel chant mélodieux !....
Mon cœur se tait et mon âme est tranquille.
Le pain du Ciel habite dans ces lieux.
   O pain de vie !
   O mon Sauveur ! } bis.
   L'âme ravie
  Trouve en vous son bonheur.

D'un sommeil pur, versé sur ma paupière,
Le calme heureux s'empare de mes sens.
D'un jour plus beau j'entrevois la lumière :
Non, je ne puis dire ce que je sens.
   O pain de vie, etc.

Pour embellir le temple de mon âme,
Le Très-Haut daigne y fixer son séjour.
Je le possède, il m'inspire, il m'enflamme :
Je l'ai trouvé, je l'aime sans retour.
   O pain de vie, etc.

Que votre joug, ô Jésus, est aimable !
Que vos attraits sont saints et ravissans !
Vous m'enivrez d'une joie ineffable,
Vous m'attirez par vos charmes puissans.
   O pain de vie, etc.

Je vous adore au-dedans de moi-même,
Je vous contemple à l'ombre de la foi :
O Dieu, mon tout, ô Majesté suprême!
Je ne vis plus, mais Jésus vit en moi.
            O pain de vie, etc.

O saints transports! vive et douce allégresse!
Chastes ardeurs! divins embrassemens!
O plaisirs purs! délicieuse ivresse!
Mon cœur se perd en vos ravissemens!!!
            O pain de vie, etc.

Que vous rendrai-je, ô Sauveur plein de charmes,
Pour tous les dons que j'ai reçus de vous?
Prenez ce cœur, et recueillez ces larmes;
C'est le tribut dont vous êtes jaloux.
            O pain de vie, etc.

Vous qui prenez vos plus chères délices
Parmi les lis des cœurs purs et fervens,
Mon bien-aimé, je mets sous vos auspices
Mes saints projets et mes vœux innocens.
            O pain de vie, etc.

Je l'ai juré, je vous serai fidèle,
Je vous promets un immortel amour
Tant qu'à la nuit une aurore nouvelle
Succédera pour ramener le jour.
            O pain de vie, etc.

Ah! que ma langue, immobile et glacée,
En ce moment s'attache à mon palais,
Si dans mon cœur s'efface la pensée
De votre amour comme de vos bienfaits.
            O pain de vie, etc.

Autre.

Air N° 70.

Mon cœur, en ce jour solennel,
Il faut enfin choisir un maître;
Balancer seroit criminel,
Quand Dieu seul est digne de l'être.
C'en est donc fait, ô Dieu sauveur!
A vous seul je donne mon cœur.

A qui doit-il appartenir,
Ce cœur qui vous doit l'existence,
Que vous avez daigné nourrir
De votre immortelle substance?
C'en est donc fait, etc.

A chercher la félicité,
Hélas! en vain je me consume;
Loin de vous tout est vanité,
Déplaisir, tristesse, amertume.
C'en est donc fait, etc.

Vous seul pouvez me rendre heureux;
Je le sens, oui, votre présence
A pleinement comblé mes vœux,
Et fixé ma longue inconstance.
C'en est donc fait, etc.

Que sont tous les biens d'ici-bas!
Qu'ils ont peu de valeur réelle!
Tous ensemble ils ne peuvent pas
Satisfaire une âme immortelle.
C'en est donc fait, etc.

Que puis-je désirer de plus ?
Je possède mon Dieu lui-même ;
Ah ! tous les biens sont superflus
Quand on jouit du bien suprême.
C'en est donc fait, etc.

En vain, trop séduisans plaisirs,
Vous faites briller tous vos charmes ;
Vous trompez toujours nos désirs,
Et vous finissez par des larmes.
C'en est donc fait, etc.

Dans votre festin précieux,
Quelle innocente et douce ivresse !
Ô quels plaisirs délicieux
Me fait goûter votre tendresse !
C'en est donc fait, etc.

Le monde prétend à tout prix
Qu'à suivre ses lois je m'engage :
Tu n'obtiendras que mon mépris,
Monde aussi trompeur que volage.
C'en est donc fait, etc.

Vous m'avez dit avec douceur :
Mon enfant, prends mon joug aimable ;
Quand on le porte avec ardeur
Il est léger, doux, agréable.
C'en est donc fait, etc.

Qu'ils sont étonnans vos bienfaits !
Leur grandeur fait mon impuissance.
Eh ! comment pourrois-je jamais
Acquitter ma reconnoissance !
C'en est donc fait, etc.

Vous voulez bien me demander
De mon cœur la chétive offrande ;
Hésiterois-je d'accorder
Ce que le Tout-Puissant demande ?
C'en est donc fait, etc.

Oui, ce cœur vous est consacré ;
Je veux que toujours il vous aime ;
J'en atteste le don sacré
Qu'il tient de votre amour extrême.
C'en est donc fait, etc.

Pour le même Jour.

Air N° 71.

TOUS LES ENFANS ENSEMBLE.

CÉLÉBRONS ce grand jour par des chants d'allégresse ;
Nos vœux sont enfin satisfaits :
Bénissons le Seigneur, publions sa tendresse,
Chantons, exaltons ses bienfaits.
Pour nous, tout pécheurs que nous sommes,
Il descend des cieux en ce jour :
C'est parmi les enfans des hommes
Qu'il aime à fixer son séjour.

Chantons sous cette voûte antique
Le Dieu qui règne sur nos cœurs ;
Célébrons par un saint Cantique,
Et notre amour et ses faveurs.

LES GARÇONS.

O filles de Sion, que cette auguste enceinte
Retentisse de vos concerts !
Ces lieux sont tout remplis de la majesté sainte
Du Dieu puissant de l'univers.
Bon Père, à des enfans qu'il aime
(Cieux, admirez tant de bonté !)
Il donne, en se donnant lui-même,
Le pain de l'immortalité.

Chantons, etc.

LES FILLES.

Comme nous en ce jour nourris du pain des Anges ,
  Bénissez-le, jeunes Chrétiens ;
Chantons-le tour à tour, répétons les louanges
  Du Dieu qui nous comble de biens.
  Bon pasteur, aux meilleurs herbages
  Il conduit ses jeunes agneaux ;
  Il les mène aux plus frais ombrages ;
  Il les mène aux plus claires eaux.
  Chantons, etc.

LES GARÇONS.

Ta parole est, Seigneur, plus douce à mon oreille
  Que l'instrument le plus flatteur
Ta parole est pour moi ce qu'à la jeune abeille
  Est le suc de la tendre fleur.
  Trois fois heureuse la famille
  Fidèle aux lois que tu prescris,
  Où la mère en instruit sa fille,
  Où le père en instruit son fils !
  Chantons, etc.

LES FILLES.

Loin des traits du chasseur la colombe timide
  Cherche le repos des déserts :
J'ai cherché le repos dans le temple où réside
  Le Dieu bienfaisant que je sers.
  Sous les tentes des grands du monde,
  Courez, peuple aveugle et pécheur ;
  Moi j'ai choisi la paix profonde
  Des Tabernacles du Seigneur.
  Chantons, etc.

LES GARÇONS.

Dieu, que je crains ce monde où les plaisirs, les vices
  De toutes parts vont m'assiéger !
O toi, qui de mon cœur as reçu les prémices,
  Veille sur lui dans le danger !

De tes saints préceptes d'avance
Munis-le comme d'un rempart ;
Entoure mon adolescence
De la sagesse du vieillard.
Chantons, etc.

LES FILLES.

Loin de moi ces faux biens que les mondains chérissent
    Et dont l'éclat est si trompeur !
Périssables humains, sur des biens qui périssent
    Comment fonder notre bonheur ?
    Il se dérobe à la poursuite,
    Et dès qu'on l'avoit cru saisir,
    Le temps l'emporte dans sa fuite,
    Et nous laisse le repentir.
Chantons, etc

LES GARÇONS.

La course des méchans, plus fugitive encore,
    Les précipite vers leur fin ;
Je les vis redoutés à ma première aurore,
    Et je les cherche à mon matin.
    Tel que dans les champs qu'il inonde
    S'engloutit un torrent fangeux,
    Un moment ils troublent le monde,
    Et leurs noms meurent avec eux.
Chantons, etc.

LES FILLES.

Bien plus heureux, Seigneur, qui marche à ta lumière
    Sur ta loi réglant tous ses pas,
Et qui, dans l'innocence achevant sa carrière,
    S'endort paisible entre tes bras !
    Son nom, qui fleurit d'âge en âge,
    D'un doux parfum répand l'odeur ;
    De la terre il reçoit l'hommage,
    Du ciel il goûte le bonheur.
Chantons, etc.

LES GARÇONS.

Je n'ai formé qu'un vœu, que mon Dieu l'accomplisse !
Puissé-je au pied de ses autels,
Fidèle adorateur, passer à son service
Le reste de mes jours mortels.
Que sa demeure me soit chère,
Qu'elle plaise à mon cœur épris
Comme la maison d'un bon père
Au cœur sensible d'un bon fils.
Chantons, etc.

LES FILLES.

O toi qu'avec frayeur le chérubin contemple,
Et qui t'abaisses jusqu'à moi,
Qui du cœur d'un enfant aujourd'hui fais ton temple,
Quand les cieux tremblent devant toi !
Ah ! puissé-je, avant qu'infidèle,
Je perde un si cher souvenir,
Mourir comme la fleur nouvelle
Cueillie avant de se flétrir.
Chantons, etc.

TOUS ENSEMBLE.

Oui, Seigneur, désormais rangés sous ton empire,
Nous y voulons vivre et mourir ;
Mais ce vœu que l'amour aujourd'hui nous inspire,
Pouvons-nous sans toi l'accomplir ?
C'est toi qui nous donnas la vie ;
Que ta grâce en règle le cours ;
Que ta loi constamment suivie
Console enfin nos derniers jours !
Chantons, etc.

Pour le même Jour.

Air N° 7.

CHANTONS en ce jour
Jésus et sa tendresse extrême ;
Chantons en ce jour
Et ses bienfaits et son amour.
Il a daigné lui-même
Descendre dans nos cœurs ;
De ce bonheur suprême
Célébrons les douceurs ! Chantons, etc.

O Dieu de grandeur !
Plein de respect, je vous révère ;
O Dieu de grandeur !
J'adore dans vous mon seigneur :
Si ce profond mystère
Vient éprouver ma foi,
C'est l'amour qui m'éclaire
Et vous découvre en moi. O Dieu, etc.

Mon divin époux,
Mon âme à vous seul s'abandonne ;
Mon divin époux,
Mon âme n'a d'espoir qu'en vous.
Que l'enfer gronde et tonne,
Qu'il s'arme de fureur ;
Il n'a rien qui m'étonne,
Jésus est dans mon cœur. Mon divin, etc.

Aimons le Seigneur,
Ne cherchons jamais qu'à lui plaire ;
Aimons le Seigneur,
Il fera seul notre bonheur.

Ami le plus sincère,
Généreux bienfaiteur,
Il est plus, il est père;
Donnons-lui notre cœur. Aimons, etc.

Pour tous vos bienfaits
Que vous offrir, ô divin maître!
Pour tous vos bienfaits
Je me donne à vous pour jamais.
En moi je sentis naître
Les transports les plus doux,
Quand je pus vous connoitre
Et m'attacher à vous. Pour tous, etc.

O Dieu tout-puissant!
Par ta divine providence,
O Dieu tout-puissant!
Conserve mon cœur innocent.
Dès la plus tendre enfance
Tu guidas tous mes pas;
Soutiens mon innocence,
Couronne mes combats. O Dieu, etc.

Pour le renouvellement des promesses du Baptême.

Air N° 73.

J'ENGAGEAI ma promesse au baptême;
Mais pour moi d'autres firent serment:
Dans ce jour je vais parler moi-même;
Je m'engage aujourd'hui librement.

Je m'engage, etc.

Je crois donc en un Dieu trois personnes ;
De mon sang je signerois ma foi .
Foible esprit, vainement tu raisonnes ;
Je m'engage à le croire, et je crois ;
Je m'engage, etc.

A la foi de ce premier mystère
Je joindrai la foi d'un Dieu sauveur ;
Sous les lois de l'Eglise, ma mère,
Je m'engage et d'esprit et de cœur,
Je m'engage, etc.

Sur les fonts, dans cette eau salutaire,
Pour enfant Dieu daigna m'adopter ;
Si j'en ai souillé le caractère,
Je m'engage à le mieux respecter ,
Je m'engage, etc.

Je renonce aux pompes de ce monde,
A la chair, à tous ses vains attraits.
Loin de moi, Satan, esprit immonde ;
Je m'engage à te fuir pour jamais,
Je m'engage, etc.

Faux plaisirs, source infâme de vices,
Trop long-temps vous fûtes mon amour ;
Je renonce à vos fausses délices,
Je m'engage à Dieu seul sans retour,
Je m'engage, etc.

Oui, mon Dieu, votre seul évangile
Réglera mon esprit et mes mœurs :
Dussiez-vous en frémir, chair fragile ,
Je m'engage à toutes ses rigueurs,
Je m'engage, etc.

Ah ! Seigneur, qui sait bien vous connaître
Sent bientôt que votre joug est doux ;
C'en est fait, je n'ai point d'autre maître ,
Je m'engage à ne servir que vous,
Je m'engage, etc.

Sur vos pas , ó mon divin modèle !
Plus heureux qu'à la suite des rois ,
Plein d'horreur pour ce monde infidèle,
Je m'engage à porter votre croix,

Je m'engage , etc.

Si le ciel, d'un moment de souffrance,
Doit , Seigneur , être le prix un jour,
Animé par cette récompense,
Je m'engage à tout pour votre amour,

Je m'engage , etc.

C'est , mon Dieu , dans vous seul que j'aspire
A fixer mes plaisirs et mes goûts ;
Pour le ciel, c'est peu que je soupire ;
Je m'engage à soupirer pour vous,
Je m'engage , etc.

Puisque enfin dans le ciel , ma patrie ,
De mes biens vous serez le plus doux,
Dès ce jour , et pour toute ma vie,
Je m'engage et je suis tout à vous,
Je m'engage , etc.

Même sujet.

Air de la *marche des gardes françaises.* N° 74.

UNE VOIX SEULE.

Quand l'eau sainte du baptême
Coula sur vos fronts naissans ,
Et qu'un Dieu , la bonté même ,
Vous adopta pour enfans,
    Muets encore ,
D'autres promirent pour vous;
Aujourd'hui confessez tous
La foi dont un chrétien s'honore.

TOUTES LES VOIX ENSEMBLE.

Foi de nos pères,
Notre règle et notre amour,
Nous embrassons dans ce jour
Et ta morale et tes mystères.

En vain à ma foi soumise
S'oppose un orgueil trompeur :
Sur les traces de l'Église
Puis-je marcher dans l'erreur ?
Trinité sainte,
Je te confesse et te crois,
Et je t'adore trois fois,
Et plein d'amour et plein de crainte.
Foi de nos pères, etc.

Annoncé par mille oracles,
Et de la terre l'espoir,
L'Homme-Dieu par ses miracles
Fait éclater son pouvoir.
Victime pure,
Il triomphe du trépas
Et je n'adorerois pas
En lui l'auteur de la nature !
Foi de nos pères, etc.

Que sa morale est divine !
Que sa parole a d'attrait !
Tous les cœurs qu'il illumine,
Il les console en secret.
Et l'on blasphème
Ce Dieu fait homme pour nous !
Ingrats ! tombez à genoux....
Voyez s'il mérite qu'on l'aime.
Foi de nos pères, etc.

Par un funeste héritage,
Nos parens, avec le jour,
Nous transmirent en partage
La haine d'un Dieu d'amour.

J'implore et crie !
Dieu s'offense de mes pleurs.
Mais Jésus a dit : Je meurs ;
Et sa mort me rend à la vie.
    Foi de nos pères, etc.

Ciel ! quelle robe éclatante !
Quel bain pur et bienfaisant !
Quelle parole puissante
D'un Dieu m'a rendu l'enfant !
    Je te baptise....
Le ciel s'ouvre, plus d'enfer,
Et des anges le concert
M'introduit au sein de l'Eglise.
    Foi de nos pères, etc

De quel œil de complaisance
Vous me vîtes, ô mon Dieu,
Quand revêtu d'innocence,
On m'emporta du saint lieu !
    Pensée amère !
O beau jour trop tôt passé !
Hélas ! je me suis lassé,
Mon Dieu, de vous avoir pour père.
    Foi de nos pères, etc.

J'ai blessé votre tendresse,
Violé vos saintes lois :
Vous me rappeliez sans cesse,
Je repoussois votre voix.
    Du moins mes larmes
Obtiendront-elles mon pardon ?
Seigneur, de votre maison
Je puis encor goûter les charmes.
    Foi de nos pères, etc.

Loin de moi, monde profane ;
Fuis, ô plaisir séduisant :
L'évangile vous condamne ;
Vous blessez en caressant.

Sous votre empire ,
Mon Dieu, sont les vrais trésors ;
Vos douceurs sont sans remords :
C'est pour elles que je soupire.
    Foi de nos pères , etc.

Loin de ses tentes coupables ,
Où s'agite le pécheur ,
Sous vos pavillons aimables
J'irai jouir du bonheur :
    Avant l'aurore ,
Mon cœur vous appellera ,
Et quand le jour finira ,
Mes chants vous béniront encore.
    Foi de nos pères, etc.

Pour la Consécration de la Sainte Vierge.

MOTIFS DE CONFIANCE EN MARIE.

Air : *Pauvre Jacques*, etc. N° 75.

UNE VOIX.

Vous qu'en ces lieux combla de ses bienfaits
  Une mère auguste et chérie,
Enfans de Dieu, que vos chants à jamais
  Exaltent le nom de Marie.   (*bis.*)

Je vois monter tous les vœux des mortels
  Vers le trône de sa clémence :
Tout à sa gloire élève des autels ,
  Des mains de la reconnaissance.

TOUS.

Nous qu'en ces lieux combla de ses bienfaits
  Une mère auguste et chérie,
Enfans de Dieu, que nos chants à jamais
  Exaltent le nom de Marie.   (*bis.*)

7*

Ici sa voix, puissante sur nos cœurs,
  A la vertu nous encourage ;
Sur le saint joug elle répand des fleurs ;
  Notre innocence est son ouvrage.   *(bis.)*

Si le lion rugit autour de nous,
  Elle étend son bras tutélaire :
L'Enfer frémit d'un impuissant courroux
  Et le ciel sourit à la terre.
    Nous qu'en ces lieux, etc.

Quand le chagrin, de ses traits acérés,
  Blesse nos cœurs et les déchire,
Sensible Mère, elle est à nos côtés ;
  Avec nos cœurs le sien soupire.   *(bis.)*

Combien de fois sa prévoyante main
  De l'ennemi rompit la trame !
Nous la priions, et nous sentions soudain
  La paix descendre dans notre âme.
    Nous qu'en ces lieux, etc.

Battu des flots, vains jouets du trépas,
  La foudre grondant sur sa tête,
Le nautonnier se jette dans ses bras,
  L'invoque, et voit fuir la tempête.   *(bis.)*

Tel le Chrétien sur ce monde orageux
  Vogue toujours près du naufrage :
Mais à Marie adresse-t-il ses vœux,
  Il aborde en paix au rivage.
    Nous qu'en ces lieux, etc.

Heureux celui qui, dès ses premiers ans,
  Se fit un bonheur de lui plaire !
Heureux ceux qu'elle adopta pour **enfans** !
  La Reine des Cieux est leur Mère.   *(bis.)*

Oui, sa bonté se plait à secourir
    Un cœur confiant qui la prie.
Siècles, parlez!... vit-on jamais périr
    Un vrai serviteur de Marie?
        Nous qu'en ces lieux, etc.

Vos fronts, pécheurs, pâlissent abattus,
    A l'aspect du souverain Juge.
Ah! si Marie est Reine des Vertus,
    Des pécheurs elle est le refuge.   (*bis*.)

Déposez donc en son sein maternel
    Votre repentir et vos larmes,
Elle priera.... Des mains de l'Eternel
    Bientôt s'échapperont les armes.
        Nous qu'en ces lieux, etc.

Si vous avez dans toute sa fraicheur
    Conservé la tendre innocence,
Ah! votre Mère en a sauvé la fleur;
    Elle vous garda dès l'enfance.   (*bis*.)

A son Autel venez, enfans chéris,
    Savourer de saintes délices.
Consacrez-lui vos cœurs et vos esprits;
    Elle en mérite les prémices.
        Nous qu'en ces lieux, etc.

Séjour sacré, saint Temple, lieu chéri,
    Faut-il donc quitter ton enceinte!
Faut-il aller de ce monde ennemi
    Braver la meurtrière atteinte!   (*bis*.)

Tendre Marie, ah! nous allons périr!
    Le scandale inonde la terre!
Veillez sur nous, daignez nous secourir;
    Montrez vous toujours notre Mère.
        Nous qu'en ces lieux, etc.

Pour le Jour de la Messe d'actions de grâces,

Et le Dimanche après la première Communion.

SUR LA PERSÉVÉRANCE.

Air N° 76.

Jour heureux, sainte allégresse,
Jésus règne dans mon cœur !
Pourquoi donc, sombre tristesse,
Viens-tu troubler mon bonheur ?
Hélas ! de mon inconstance
J'ai l'affligeant souvenir,
Et pour ma persévérance
Je redoute l'avenir.

EN CHOEUR.

Doux Sauveur de l'enfance,
Cache-nous dans ton cœur;
Conserve-nous la ferveur,
Et le bonheur et l'innocence;
Conserve-nous la ferveur,
Et l'innocence et le bonheur.

Ah ! je connais ma faiblesse,
Mes penchans impérieux,
Et la dangereuse ivresse
Que le monde offre à mes yeux :
Dans sa fureur meurtrière,
Je vois l'enfer accourir;
Ah ! si tout me fait la guerre,
Ne faudra-t-il pas périr ?
Doux Sauveur, etc.

Quoi! me dit le Dieu suprême,
Tu pourrais fuir mes autels?
Quoi! tu briserais toi-même
Ces nœuds chers et solennels?
Contre toi tout court aux armes,
Tout conspire à t'entraîner;
Cher enfant, de tant de larmes,
Veux-tu donc m'abandonner?

Doux Sauveur, etc.

Enfant perfide et coupable,
Avant que de l'outrager,
Attends que l'être immuable
Pour toi commence à changer;
Hélas! tu poursuis ton crime....
Eh bien! cours, vole au plaisir;
Mais la mort ouvre l'abîme :
Tremble! un Dieu va te punir.

Doux Sauveur, etc.

Quoi! sacrifier la grâce
A l'indigne volupté,
Et pour un monde qui passe
L'immobile éternité!
Pauvre enfant! que vas-tu faire?
Loin de toi de tels malheurs;
Du moins épargne ton père,
Prends pitié de ses douleurs.

Doux Sauveur, etc.

Moi, trahir le Dieu que j'aime;
Jésus, déchirer ton cœur,
T'oublier, beauté suprême,
Outrager mon bienfaiteur!
Ton sang coule dans mes veines,
Et je pourrais te haïr!
Moi! je reprendrais mes chaînes!
Non, Seigneur! plutôt mourir.

Doux Sauveur, etc.

Grand Dieu ! du sein de la tombe,
Quels cris, quels tristes sanglots !
Du Liban le cèdre tombe,
Que deviendront des roseaux ?
Enfans d'abord si fidèles,
Vous fîtes tous nos sermens,
Et vous êtes morts rebelles...
Ah ! serons-nous plus constans ?

Doux Sauveur, etc.

Mais quoi ! le Dieu que j'adore
N'est-il plus le Dieu puissant ?
Des ennemis que j'abhorre
Ne fut-il pas triomphant ?
S'il m'expose à cette guerre,
Est-ce pour m'y voir périr ?
Si je ne suis que poussière,
Sa main peut me soutenir.

Doux Sauveur, etc.

Avec ta grâce, j'espère,
Et je m'élance aux combats ;
Vigilance, humble prière,
Vous assurerez nos pas :
Long-temps dans ce cher asile
Je veux apprendre à t'aimer ;
Dans ton sang, enfant docile,
Je viendrai me ranimer.

Doux Sauveur, etc.

Loin de moi, monde perfide,
Amis, livres corrupteurs,
Respect humain déicide,
Jeux, spectacles séducteurs.
O lis ! ton éclat fragile
Périt d'un souffle léger ;
O vertu ! bien plus débile,
Fuis jusqu'au moindre danger.

Doux Sauveur, etc.

Vierge sainte, ô tendre mère,
Je me jette entre tes bras :
Là viens me faire la guerre,
Enfer, je ne te crains pas.
A ton nom, douce Marie,
Je sens mon cœur s'attendrir.
Qui t'invoque obtient la vie,
Qui t'aime ne peut périr.
Doux Sauveur, etc.

Amour sacré de nos âmes,
Pain, délices de nos cœurs,
Embrase-nous de tes flammes,
Nous jurons d'être vainqueurs.
Jésus ! si, dans mon délire,
Je dois te trahir un jour.
Qu'aux pieds de l'autel j'expire
Avant de perdre l'amour.
Doux Sauveur, etc.

Pour le même Jour.

Air N° 77.

Il n'est pour moi qu'un seul bien sur la terre,
Et c'est Dieu seul ; Dieu seul est mon trésor.
Dieu seul, Dieu seul allége ma misère,
Et vers Dieu seul mon cœur prendra l'essor.
 Je bénis sa tendresse,
 Et répète sans cesse
Ce cri d'amour, cet élan d'un grand cœur :
Dieu seul, Dieu seul, voilà le vrai bonheur.
Dieu seul, Dieu seul guérit toute blessure ;
Dieu seul, Dieu seul est un puissant secours ;
Dieu seul suffit à l'âme droite et pure ;
Et c'est Dieu seul qu'elle cherche toujours.
 Répétons, ô mon âme,
 Ce chant qui seul enflamme,
Ce cri d'amour, cet élan d'un grand cœur :
Dieu seul, Dieu seul, voilà le vrai bonheur.

Quel déplaisir pourra jamais atteindre
Cet heureux cœur que Dieu seul peut charmer ?
Grand Dieu ! quels maux ce cœur pourra-t-il craindre ?
Il n'en est point quand on sait vous aimer.
     Aimer un si bon Père,
     C'est commencer sur terre
Ce chant d'amour de la sainte cité :
Dieu seul, Dieu seul, pour une éternité.

Pour l'Ascension de Notre Seigneur.

Air : *Eh quoi ! tout sommeille.* N⁰ 42.

     PORTES éternelles,
     Voûtes immortelles,
Dans ce grand jour
     Ouvrez votre séjour.
Le Dieu de puissance,
D'amour, de clémence
Dans sa splendeur,
Vient rentrer en vainqueur.   *Fin.*

     Le noir abîme,
La mort, sa victime,
Le monde, le crime
Domptés par ses mains,
     La guerre éteinte,
La demeure sainte
Ouverte aux humains,
Sont ses faits divins.   Portes, etc.

Déjà sous les yeux
D'un peuple fidèle,
   S'asseyant sur l'aile
     Des vents qu'il appelle,

Ce Roi glorieux
Vole victorieux
   Aux sublimes lieux....
      Triomphez, Cieux! Portes, etc.

Célèbre sa victoire
      Céleste Cité!
         Chante sa gloire,
      Qui fait ta beauté.
A lui seul, chœur des Anges,
         Offrez à jamais
            Et vos louanges
Et vos chants de paix. Portes, etc.

      Et vous que son absence
         Tient dans la souffrance,
      Mortels, consolez-vous;
Son bonheur peut être pour tous.
   Son Esprit saint, sa grâce,
      Ses douces faveurs
            Tiendront sa place,
      Rempliront nos cœurs;
Si vous brûlez des flammes
   De son feu divin,
      Un jour vos âmes
   Iront dans son sein. Portes, etc.

Pour le Saint Jour de la Pentecôte.

Air N° 78.

Sur les Apôtres assemblés,
 Lorsque l'Esprit saint vint descendre,
Les élémens furent troublés,
Un vent soudain se fit entendre :

Devant Dieu marche la terreur
Quand il veut instruire la terre ;
Et pour signal de sa grandeur
Il a le bruit de son tonnerre.

Tendre troupeau, rassurez-vous,
N'appréhendez rien de ces flammes ;
Ce feu, qui n'a rien que de doux,
Ne doit embraser que vos âmes :
Souvenez-vous que Jésus-Christ,
Dans ses adieux pleins de tendresse,
Vous promit son divin Esprit ;
Il tient aujourd'hui sa promesse.

Déjà je vous vois tous remplis
Des transports d'une sainte ivresse ;
Dans l'instant vous êtes instruits
Des mystères de la sagesse :
Déjà vos cœurs sont animés
De zèle, d'amour, de courage,
Et déjà vous vous exprimez
En toute sorte de langage.

Courez, allez porter vos pas
Dans tous les lieux où l'on respire :
Affrontez les feux, le trépas,
Prêchez ce Dieu qui vous inspire :
Mille lauriers vous sont offerts,
Tous devez en ceindre vos têtes :
Jusques au bout de l'Univers
Allez étendre vos conquêtes.

Esprit saint, Esprit Créateur,
Qui seul peut convertir nos âmes,
Viens sur ma bouche et dans mon cœur,
Viens les pénétrer de tes flammes :
Donne de la force à mes chants
Pour annoncer ce qu'il faut croire :
Inspire-moi de doux accens,
Dignes de célébrer ta gloire.

Sur le Mystère de la Sainte Trinité.

Air N° 79.

O toi qu'un voile épais nous cache,
Indivisible Trinité !
Lumière éternelle et sans tache,
Nous adorons ta majesté.

En Dieu, seul Saint, seul adorable,
O que de gloire et de grandeur !
O quel abîme impénétrable,
Et de richesse et de splendeur !

Confondez-vous, raison humaine,
Sur cet objet fermez les yeux :
La beauté de Dieu souveraine
Ne peut se voir que dans les Cieux.

Le Père, admirant sa sagesse,
Engendre un Fils qui le chérit :
De leur mutuelle tendresse
L'Esprit saint est l'auguste fruit.

Le Père, en nous donnant la vie,
Nous la conserve à chaque instant :
Le saint Esprit nous sanctifie
Par les feux qu'en nous il répand.

Egal en tout à Dieu son Père,
Dieu le Fils, le Verbe éternel,
Pour soulager notre misère,
A daigné se faire mortel.

Enfans soumis, rendons hommage
A la divine Trinité :
Son nom saint est pour nous le gage
De l'heureuse immortalité.

Pour la Fête du Saint Sacrement.

Air N° 80.

Chantons le mystère adorable
    De ce grand jour :
Chantons le don inestimable
    Du Dieu d'amour :
A seconder nos saints accords
    Que tout s'empresse :
Qu'au loin tout éclate en transports
    D'une vive allégresse.

Que l'éclat, la magnificence
    Ornent ces lieux :
Que tout adore la présence
    Du Roi des Cieux :
Que, pour répondre à ses faveurs,
    Sur son passage
Nos voix, nos âmes et nos cœurs
    Lui rendent leur hommage.

Ce Dieu, toujours plein de tendresse
    Pour les mortels,
S'immole en leur faveur sans cesse
    Sur nos Autels :
Peu content d'un bienfait si doux,
    L'amour l'engage
A se donner lui-même à nous
    Souvent et sans partage.

Honneur, amour, louange et gloire
    Au Dieu Sauveur !
Qu'à jamais vive sa mémoire
    Dans notre cœur :

Aimons-le sans fin, sans retour,
   Plus que nous-mêmes :
Et payons son excès d'amour
   Par un amour extrême.

Consacrez-lui vos voix naissantes,
   Tendres enfans!
Et de vos âmes innocentes
   Le doux encens.
On doit l'aimer dans tous les temps,
   Dans tous les âges :
Mais surtout des jours innocens
   Il aime les hommages.

Divin Jésus, beauté suprême!
   Comblez nos vœux :
Venez dans nous, venez vous-même
   Nous rendre heureux!
Daignez, grand Dieu! de vos bienfaits
   Remplir nos âmes :
Qu'elles ne brûlent désormais
   Que de vos saintes flammes.

Pour la même Fête.

Air N° 81.

Par les chants les plus magnifiques,
Sion, célèbre ton Sauveur,
Exalte dans tes saints cantiques
Ton Dieu, ton chef et ton pasteur ;
Redouble aujourd'hui, pour lui plaire,
Tes transports, tes soins empressés :
Jamais tu n'en pourras trop faire,   } bis.
Tu n'en feras jamais assez.

Ouvre ton cœur à l'allégresse,
A tout le feu de tes transports,
Lorsque son immense largesse
T'ouvre elle-même ses trésors :
Près de consommer son ouvrage,
Il consacre son dernier jour
A te laisser ce tendre gage,
Qui mit le comble à son amour.   } *bis.*

Offert sur la table mystique,
L'agneau de la nouvelle loi
Termine enfin la Pâque antique
Qui figuroit le nouveau roi :
La vérité succède à l'ombre,
La loi de crainte se détruit ;
La clarté chasse la nuit sombre,
Et la loi de grâce nous luit.   } *bis.*

Jésus de son amour extrême
Veut éterniser le bienfait ;
Ce que d'abord il fit lui-même,
Le prêtre à son ordre le fait ;
Il change, ô prodige admirable !
Qui n'est aperçu que des cieux,
Le pain en son corps adorable,
Le vin en son sang précieux.   } *bis.*

L'œil se méprend, l'esprit chancelle,
Il cherche d'un Dieu la splendeur ;
Mais toujours ferme, un vrai fidèle
Sans hésiter voit son Seigneur :
Son sang pour nous est un breuvage,
Sa chair devient notre aliment,
Les espèces sont le nuage
Qui nous le couvre au Sacrement.   } *bis.*

On voit le juste et le coupable
S'approcher du banquet divin,
Se ranger à la même table,
Prendre place au même festin ;

Chacun reçoit la même hostie,
Mais qu'ils diffèrent dans leur sort !
Le juste tremble et boit la vie,
L'impie affronte et boit la mort. } *bis.*

Ce fils sous la main paternelle,
Près de se voir percer le flanc ;
Cette victime solennelle,
Dont l'Hébreu vit couler le sang ;
La manne au goût délicieuse,
Qui tous les jours tomboit des cieux,
Sont la figure précieuse
Du prodige offert à nos yeux. } *bis.*

Je te salue, ô pain de l'ange !
Aujourd'hui pain du voyageur,
Toi que j'adore et que je mange ;
Ah ! viens dissiper ma langueur.
Loin de toi l'impur, le profane,
Pain réservé pour les enfans :
Mets des élus, céleste manne,
Objet seul digne de nos chants. } *bis.*

Au secours de notre misère
Jésus se livre entièrement ;
Dans la crèche il est notre frère,
Et sur l'autel notre aliment ;
Quand il mourut sur le calvaire,
Il fut la rançon du pécheur ;
Triomphant dans son sanctuaire,
Il est du juste le bonheur. } *bis.*

Honneur, amour, louange et gloire
Te soient rendus, ô bon pasteur !
Vis à jamais dans ma mémoire,
Sois toujours gravé dans mon cœur.
O pain des forts ! par ta puissance
Soulage mon infimité ;
Fais qu'engraissé de ta substance,
Je règne dans l'éternité. } *bis.*

Pour la Fête du sacré Cœur de Jésus.

Air N° 82.

Perçant les voiles de l'aurore,
Le jour apparoit dans les cieux :
Ainsi, cœur sacré que j'adore,
Tout rayonnant d'amour, tu viens frapper mes yeux.
Séraphins, à ce roi suprême
Souffrez que j'offre vos ardeurs :
Pour aimer Jésus comme il aime ,
Faibles mortels, c'est trop peu de nos cœurs.

Toujours dans cet heureux asile
Jésus fixera son séjour :
Venez, peuple tendre et docile,
Venez donner vos cœurs au cœur du Dieu d'amour.
Séraphins , etc.

Ce cœur, généreux , magnanime,
Du ciel irrité contre nous
Voulut devenir la victime,
Et nous mettre à l'abri des traits de son courroux.
Séraphins, etc.

Des instrumens de son supplice
Il dresse un trophée en ce jour :
Quel noble et touchant artifice
Pour captiver nos cœurs, les gagner sans retour !
Séraphins, etc.

Contemplez la croix qui s'élève
Du cœur entr'ouvert de Jésus :
Le sang de Jésus est la sève
Qui fait croître et fleurir cet arbre des élus.
Séraphins, etc.

Sondez la profonde blessure
D'où les flots de sang ont coulé ;
C'est là qu'attendri je mesure
A quel excès d'amour Jésus s'est immolé.
    Séraphins, etc.

Comptez ces épines cruelles ;
Jésus en soutient les rigueurs :
A leur aspect, âmes charnelles,
Oseriez-vous encor vous couronner de fleurs?
    Séraphins, etc.

Que vois-je? des torrens de flammes
S'élancent du cœur de mon Dieu !
Amour, oui, c'est toi qui l'enflammes :
Ah! partout en ces lieux répands un si beau feu.
    Séraphins, etc.

Autour de ce cœur, ô saints Anges,
Tremblans et joyeux à la fois,
Chantez, célébrez ses louanges ;
A vos chants s'uniront et nos cœurs et nos voix.
    Séraphins, etc.

O cœur, notre unique espérance,
Couronne en ce jour tes bienfaits ;
Deviens le salut de la France,
Et force tous les cœurs de t'aimer à jamais.
    Séraphins, etc.

Pour la Fête du sacré Cœur de Marie.

Air N° 83.

HEUREUX qui du cœur de Marie
Connoit, honore les grandeurs,
Et qui sans crainte se confie
En ses maternelles faveurs.

Après le Cœur du divin Maître,
A qui seul est dû tout encens,
Fut-il jamais et peut-il être
Un cœur plus digne de nos chants?

Les cieux se trouvent sans parure
Auprès des traits de sa beauté,
Et l'astre roi de la nature
Près d'elle a perdu sa clarté.
Cours au temple, ô vierge chérie,
Offrir ton Cœur à l'Eternel ;
Jamais plus agréable hostie
Ne fut portée à son autel,

C'est là que ce Cœur si docile,
Soumis aux éternels desseins,
Se forme à devenir l'asile
Et le séjour du Saint des Saints.
O de quels charmes fut suivie,
De quels transports, de quelle ardeur,
L'union du Cœur de Marie
Avec celui du Dieu Sauveur !

Quand Jésus né dans l'indigence
Baigne pour nous ses yeux de pleurs,
Marie, avide de souffrance,
Aime à s'unir à ses douleurs ;
Quand, chargé de nos injustices,
Il veut de son sang innocent
Pour nous répandre les prémices,
Le Cœur de Marie y consent.

Quelle force aida son courage
Lorsqu'elle osa suivre les pas
De celui qu'une aveugle rage
Traînoit au plus honteux trépas !
Voyez-le ce Cœur intrépide,
Par les mêmes mains déchiré,
Qui percent d'un fer déicide
Le Cœur de son Fils expiré.

Hâtez-vous d'offrir à son trône,
Saints Anges, vos tributs d'honneur ;
Chantez du Dieu qui la couronne
Les dons, la bonté, la faveur ;
Et nous, fils d'un père coupable,
Ici-bas condamnés aux pleurs,
Cherchons dans ce cœur secourable
Un abri contre nos malheurs.

O Cœur de la plus tendre Mère,
Cœur plein de grâce et de bonté,
O vous sur qui dans leur misère
Vos enfans ont toujours compté ;
Daignez être notre refuge
Et notre appui dans tous les temps ;
Surtout apaisez notre Juge,
Dans le dernier de nos instans.

Pour le Dimanche avant la Confirmation.

LES DONS DU SAINT ESPRIT.

Air No 84.

LA SAGESSE.

Du bonheur on parle sans cesse,
Mais où se trouvent les heureux ?
Les hommes prêchent la sagesse,
Mais la sagesse fuit loin d'eux.
Sûr du bonheur quand on est sage,
Je veux aussi le devenir :
Avoir la sagesse en partage,
C'est aimer Dieu, c'est le servir.

LA SCIENCE.

Connoître Dieu, se bien connoître,
Voilà tout ce qu'il faut savoir;
De ses penchans on devient maître,
On est esclave du devoir.
Ayons tous cette connoissance;
Elle est pour nous le plus grand bien :
Quand on n'a pas cette science,
En sachant tout on ne sait rien.

L'INTELLIGENCE.

Don précieux d'intelligence,
Accompagnez toujours ma foi ;
Je n'ai besoin d'autre science
Que de bien comprendre la loi.
Cette loi si pure et si sainte,
Mille fois heureux qui la suit !
O loi ! que, dans mon cœur empreinte,
Je te médite jour et nuit !

LE CONSEIL.

Esprit saint, j'ignore la route
Qu'il faut suivre pour me sauver;
Souvent je balance et je doute,
Je marche et ne puis arriver;
Sans cesse l'ennemi m'assiége,
La crainte agite mon sommeil;
De tous côtés ce n'est que piége;
Esprit saint, soyez mon conseil.

LA PIÉTÉ.

O piété ! quels sont tes charmes !
Tu remplis seule nos désirs ;
Par toi nous sont douces les larmes,
Et nos devoirs font nos plaisirs,

C'est par ton pouvoir ineffable
Que la vertu nous sait charmer :
Puisque tu nous rends tout aimable,
Comment peut-on ne pas t'aimer ?

LA FORCE.

Divin Esprit, Esprit de force,
Je ne veux d'autre appui que toi ;
Qu'il règne un éternel divorce
Entre tes ennemis et moi :
Des monstres cherchent à m'abattre,
Je veux par toi les étouffer :
Le monde vient pour me combattre,
Par toi je veux en triompher.

LA CRAINTE.

Seigneur, votre volonté sainte
Est souvent pour nous sans appas ;
Juste, vous inspirez la crainte,
Et souvent on ne vous craint pas.
On craint le monde, on est à plaindre :
Que peut-il pour ou contre nous ?
Grand Dieu ! que j'apprenne à vous craindre,
A ne craindre même que vous !

Pour le Jour de la Confirmation.

INVOCATION AU SAINT ESPRIT.

Air N° 85.

Esprit saint, descendez en nous ;
Embrasez notre cœur de vos feux les plus doux.
chœur. Esprit saint, etc.

Sans vous, notre vaine prudence
Ne peut, hélas! que s'égarer.
Ah! dissipez notre ignorance;
　Esprit d'intelligence,
　Venez nous éclairer.
CHOEUR. Esprit saint, etc.

Le noir enfer, pour nous faire la guerre,
Se réunit au monde séducteur;
Tout est pour nous embûche sur la terre:
　Soyez notre libérateur.
CHOEUR. Esprit saint, etc.

Enseignez-nous la divine sagesse;
Seule elle peut nous conduire au bonheur:
Dans ses sentiers, qu'heureuse est la jeunesse!
　Qu'heureuse est la vieillesse!
CHOEUR. Esprit saint, etc.

Pour le même Jour.

Air N° 86.

QUEL feu s'allume dans mon cœur!
Quel Dieu vient habiter mon âme!
A son aspect consolateur
Et je m'éclaire et je m'enflamme;
Je t'adore, Esprit Créateur.
　Parois, Dieu de lumière:　　(bis.)
Et viens renouveler la face de la terre.

Je vois mille ennemis divers
Conjurer ma perte éternelle;
J'entends tous leurs complots pervers.
Dieu, romps leur trame criminelle:
Qu'ils retombent dans les enfers.
　Parois, etc.

Quels sont ces profanes accens,
Ces cris et ces pompeuses fêtes?
De Baal ce sont les enfans!
De fleurs ils couronnent leurs têtes,
Que va frapper la faux du Temps.
    Parois, etc.

Voyez comme les insensés
Dansent sur leur tombe entr'ouverte!
La mort les suit à pas pressés;
En riant ils vont à leur perte.
Dieu regarde,... ils sont dispersés.
    Parois, etc.

Quoi! pour un moment de plaisir,
Mon Dieu, j'oublirois ta loi sainte!
Dans l'égarement du désir
Je pourrois vivre sans ta crainte!
Non, mon Dieu, non, plutôt mourir.
    Parois, etc.

Un jour plus pur luit à mes yeux;
Dieu de clarté, je te rends grâce.
Je vois fuir l'esprit ténébreux;
La foi dans mon cœur prend sa place:
Tous mes désirs sont pour les cieux.
    Parois, etc.

Chrétien, par amour et par choix,
Et fier de ton ignominie,
Je t'embrasse, ô divine Croix!
Je t'embrasse avec ta folie,
Dont j'osai rougir autrefois.
    Parois, etc.

Loin de moi, vains ajustemens;
A mon Dieu vous faites injure:
Délices des cœurs innocens,
Que la pudeur soit ma parure.
Esprit saint, garde tous mes sens.
    Parois, etc.

Si, quelques momens égaré,
Je te fuyois, beauté divine,
Allume en mon cœur déchiré,
Allume une guerre intestine;
De remords qu'il soit dévoré.
    Parois, etc.

Ah! plutôt règne, Dieu d'amour,
Sur ce cœur devenu ton Temple;
Que je t'honore dès ce joùr;
Que mon œil charmé te contemple
Dans l'éclat du divin séjour.
    Parois, etc.

Pour le même Jour.

Sur l'air : *Mon cœur en ce jour solennel.* N° 70.

QUELLE nouvelle et sainte ardeur
En ce jour transporte mon âme!
Je sens que l'Esprit Créateur
De son feu tout divin m'enflamme
Non, non, mon Dieu, je ne crains rien;
L'Esprit de force est mon soutien.

Il faut dans un noble combat
Pour vous, Seigneur, que je m'engage;
Vous m'avez fait votre soldat,
Vous m'en donnerez le courage.
    Non, non, etc.

Du salut le signe sacré
Arme mon front pour ma défense;
Devant lui l'enfer conjuré
Perdra sa funeste puissance.
    Non, non, etc.

Seigneur, à vos aimables lois
Le grand nombre seroit rebelle,
Que mon cœur, constant dans son choix,
Y seroit encor plus fidèle.
    Non, non, etc.

Le mépris d'un monde insensé
Pourroit-il m'alarmer encore !
Loin de m'en trouver offensé
Je sens aujourd'hui qu'il m'honore.
    Non, non, etc.

Dans sa fureur l'impiété
Veut me ravir le Dieu que j'aime ;
Je veux, fort de la vérité,
Lui dire toujours anathème.
    Non, non, etc.

On a vu de foibles agneaux
Triompher de l'aveugle rage
Et des tyrans et des bourreaux ;
Foible comme eux, Dieu m'encourage.
    Non, non, etc.

Enfant des généreux Martyrs,
Puissé-je égaler leur constance,
Et trouver mes plus doux plaisirs
Au sein même de la souffrance !
    Non, non, etc.

A la mort fallût-il s'offrir,
Ou perdre, hélas ! mon innocence,
Grand Dieu ! je consens à mourir ;
Ne souffrez pas que je balance.
    Non, non, etc.

Pour la Fête de S. Pierre et de S. Paul, et pour les autres Fêtes d'Apôtres.

TRIOMPHE DE L'ÉGLISE.

Air N° 87.

Pourquoi ces noirs complots, ô peuples de la terre ?
 Pourquoi tant de projets dives ?
En vain vous vous liguez pour déclarer la guerre
 Au souverain de l'univers.
 Tremblez, ennemis de sa gloire,
 Tremblez, audacieux mortels ;
 Il tient dans ses mains la victoire,
 Tombez au pied de ses autels.
 La religion vous appelle ;
 Saurez-vous combattre et souffrir ?
 Un chrétien doit vivre pour elle,
 Pour elle un chrétien doit mourir.
Chœur. La Religion nous appelle ;
 Nous saurons, etc.

Long-temps, ah ! trop long-temps plongé dans les ténèbre
 Assis à l'ombre de la mort,
L'univers, gémissant sous ces voiles funèbres,
 Soupiroit pour un meilleur sort.
 Jésus paroît ; à sa lumière,
 La nuit disparoît sans retour,
 Comme on voit une ombre légère
 S'enfuir devant l'astre du jour.
 La Religion, etc.

Pour soumettre à ses lois tous les peuples du monde,
 Il ne veut que douze pêcheurs,
Dont la main soutiendra le royaume qu'il fonde
 Sur les débris de mille erreurs.

Nouveaux guerriers, prenez la foudre,
Allez conquérir l'univers,
Frappez, brisez, mettez en poudre
L'idole d'un monde pervers.
La Religion, etc.

Déjà de ces héros, du couchant à l'aurore,
La voix, plus prompte que l'éclair,
A foudroyé ces dieux que l'univers honore
D'un culte sorti de l'enfer.
Ouvrant les yeux à la lumière,
Rome éclairera les mortels,
Et foulera dans la poussière
Ses temples, ses dieux, ses autels.
La Religion, etc.

En vain, cruels tyrans, votre main meurtrière
Fait couler le sang à grands flots.
Le sang devient fécond, et du sein de la terre
S'élève un essaim de héros :
Et courbant eux-mêmes leurs têtes,
Seigneur, sous le joug de tes lois,
Après trois siècles de tempêtes,
Les princes arborent la croix.
La Religion, etc.

O cité des chrétiens, toi dont la destinée
Est de régner sur l'univers,
De ce joug si nouveau si tu fus étonnée,
Aujourd'hui tu bénis tes fers.
La religion triomphante
Sur le trône de tes Césars,
Veut que les peuples qu'elle enfante
Combattent sous tes étendards.
La religion, etc.

Eglise de Jésus, tu m'as donné la vie,
Tu m'as nourri dès le berceau.
Comblé de tes bienfaits, ah! si mon cœur t'oublie,
S'il ne t'aime jusqu'au tombeau,

Que jamais ma langue glacée
Ne prête de sons à ma voix,
Et que ma droite desséchée
Me punisse et venge tes droits,
  La Religion, etc.

Plaintes et Espérances de l'Église.

Air : *Te bien aimer*, etc. Nº 68.

PERMETTRAS-TU que ton Culte périsse,
O Dieu Sauveur ! ô Fils de l'Eternel ?
Quoi ! désormais l'auguste sacrifice
N'aura donc plus de Temple, ni d'Autel !

L'Eglise en deuil, plaintive, désolée,
Ne cesse, hélas ! d'implorer son Epoux :
Par les méchans, d'insultes accablée,
Doit-elle, enfin, succomber sous leurs coups ?

Des loups cruels, ô Dieu, confonds la rage !
Défends, Seigneur, tes fidèles brebis ;
De ton troupeau, de ton foible héritage,
Epargne au moins les malheureux débris.

Mais c'en est fait, je vois fuir la tempête ;
Je vois briller l'aurore d'un beau jour.
Sainte Sion, pour toi, quel jour de Fête !
De tes enfans célèbre le retour.

Sèche tes pleurs, mets un terme à ta plainte ;
Non, non, tes murs ne seront point déserts :
Déjà la foule inonde ton enceinte ;
Sous tes parvis j'entends mille concerts.

O Culte saint ! l'enfer en vain conspire
Pour diviser ce que tu réunis ;
Du Dieu de paix tu rétablis l'empire ;
La Foi triomphe, il n'est plus d'ennemis.

Durée immortelle de l'Église.

Sur l'air : *Grâce, grâce, Seigneur.* N° 52.

ELLE triomphera cette Eglise immortelle ;
Dieu saura dissiper de perfides complots ;
Des méchans conjurés la ligue criminelle
De leur rage à ses pieds verra briser les flots.

Arbre foible en naissant et battu par l'orage,
Elle étend aujourd'hui sur cent peuples divers
De ses rameanx sacrés le salutaire ombrage,
Et sa gloire finit où finit l'univers.

Elle voit de l'enfer les fureurs déchaînées
De son tronc vénérable affermir la vigueur,
Tandis que sans honneur languissent desséchées
Les branches qu'infecta le poison de l'erreur.

Mais le Dieu qui toujours assure sa victoire
Toujours l'éprouve aussi par d'amères douleurs.
Ah ! puisque nos efforts ne font rien pour sa gloire,
A ses larmes du moins nous mêlerons nos pleurs.

Pour les Fêtes de la Croix.

Sur l'air : *Mon cœur en ce jour solennel,* etc. N° 70.

AIMONS Jésus pour nous en croix ;
N'est-il pas bien juste qu'on l'aime,
Puisqu'en expirant sur ce bois,
Il nous aima plus que lui-même ?
Chrétiens, chantons à haute voix :
Vive Jésus ! vive sa croix !

Gloire à cette divine croix ;
Le Sauveur l'ayant épousée,
Elle n'est plus comme autrefois
Un objet d'horreur, de risée. Chrétiens, etc.

Gloire à cette divine croix,
Arbre dont le fruit salutaire
Répare le mal qu'autrefois
Fit le péché du premier père. Chrétiens, etc.

Gloire à cette divine croix,
C'est l'étendard de sa victoire ;
Par elle il nous donna ses lois ;
Par elle il entra dans sa gloire. Chrétiens, etc.

Gloire à cette divine croix,
De tous nos biens source féconde,
Qui, dans le sang du roi des rois,
A lavé les péchés du monde. Chrétiens, etc.

Gloire à cette divine croix,
La chaire de son éloquence,
Où me prêchant ce que je crois,
Il m'apprend tout par son silence. Chrétiens, etc.

Gloire à cette divine croix ;
Ce n'est pas le bois que j'adore,
Mais c'est mon Sauveur sur ce bois
Que je révère et que j'implore. Chrétiens, etc.

Avec Jésus aimons sa croix,
Prenons-la pour notre partage ;
Ce juste, cet aimable choix,
Conduit au céleste héritage. Chrétiens, etc.

our la Fête de l'Assomption de la Sainte Vierge.

Air N° 88.

CHANTONS la reine des cieux,
Que l'excès de l'amour
Fait triompher en ce jour :
Chantons la reine des cieux ;
u'on l'honore et qu'on l'aime en tous lieux.
De nos chants divers
Remplissons les airs ;
Que tout l'univers
Réponde à nos doux concerts :
De nos chants divers
Remplissons les airs ;
Inventons même de nouveaux airs.

Enfin l'hiver a passé,
Les vents ne soufflent plus,
Les frimas sont disparus :
Enfin l'hiver a passé,
a tempête et la pluie ont cessé.
Vierge, les douleurs,
Les soupirs, les pleurs,
Font place aux douceurs
Des immortelles faveurs.
Vierge, les douleurs,
Les soupirs, les pleurs,
S'éloignent du plus parfait des cœurs.

Venez, lui dit le Seigneur,
O ma Mère, venez,
Mes biens vous sont destinés.
Venez, lui dit le Seigneur,
Hâtez-vous, partagez mon bonheur.

Entrez dans ma paix,
Régnez à jamais ;
Que tous vos sôuhaits
S'accomplissent désormais :
Entrez dans ma paix,
Régnez à jamais,
Possédez ma grâce et mes bienfaits.

Daignez, Marie, en ce jour,
Ecouter nos soupirs,
Et seconder nos désirs ;
Daignez, Marie, en ce jour,
Recevoir notre encens, notre amour.
Du céleste époux
Calmez le courroux,
Qu'il se montre doux
A tous ceux qui sont à vous :
Du céleste époux
Calmez le courroux ;
Que son cœur s'attendrisse sur nous.

CANTIQUES D'ACTIONS DE GRACES.

Air N° 89.

Bénissons à jamais
Le Seigneur dans ses bienfaits.
Bénissez-le, saints Anges,
Louez sa majesté ;
Rendez à sa bonté
Mille et mille louanges.
Bénissons, etc.

Fut-il jamais un père
Qui de ses chers enfans,
Par des soins plus touchans,
Soulageât la misère ?
Bénissons, etc.

Pasteur tendre et fidèle,
Sans craindre le travail,
Il ramène au bercail
Une brebis rebelle.
    Bénissons, etc.

Par lui cesse la peine
Qui désoloit mon cœur;
Et, du monde vainqueur,
Je vois briser ma chaine.
    Bénissons, etc.

Il console mon âme,
La nourrit de son pain;
A ce banquet divin
Il veut qu'elle s'enflamme.
    Bénissons, etc.

Sa bonté me supporte,
Sa lumière m'instruit,
Sa beauté me ravit,
Son amour me transporte.
    Bénissons, etc.

Oui, sa douceur m'entraîne,
Sa grâce me guérit,
Sa force m'affermit,
Sa charité m'enchaîne.
    Bénissons, etc.

Dieu seul est ma richesse,
Dieu seul est mon soutien,
Dieu seul est tout mon bien;
Je redirai sans cesse:
    Bénissons, etc.

Autre.

Air N° 86.

PÉCHEURS, ne troublez plus les airs
Par une coupable harmonie ;
Le Dieu puissant de l'univers,
Ce Dieu qui nous donna la vie,
Seul est digne de nos concerts.
  Sion, chante sa gloire ;   *(bis.)*
Que toujours ses bienfaits vivent dans ta mémoire.

Ciel ! en quels transports enchanteurs
Me ravissent tes saints Cantiques !
Mes yeux se remplissent de pleurs.
Séjour des Saints, tours magnifiques,
Quand verrai-je enfin vos splendeurs !
  Sion, chante sa gloire ;   *(bis.)*
Que toujours ses bienfaits vivent dans ta mémoire.

L'Ange alors, l'Ange à mes accords
Unira sa lyre immortelle.
Quoi ! j'entendrai de mes transports
Retentir la voûte éternelle ! ! !
Détruis, Seigneur, mon foible corps.
  Sion, chante sa gloire ;   *(bis.)*
Que toujours ses bienfaits vivent dans ta mémoire.

Ah ! préludons à ce beau jour,
Animons nos voix innocentes ;
Brûlons, brûlons du pur amour.
Les Saints, de leurs voix triomphantes,
Nous répondront de leur séjour :
  Sion, chante sa gloire ;   *(bis.)*
Que toujours ses bienfaits vivent dans ta mémoire.

Venez, justes ; venez, pécheurs,
Bénir ce Dieu, la bonté même ;
Epris de ses pures douceurs,
Dites qu'il mérite qu'on l'aime :
Tous enfin donnons-lui nos cœurs.
    Sion , chante sa gloire ;   *(bis.)*
Que toujours ses bienfaits vivent dans ta mémoire.

FIN DES CANTIQUES.

VÊPRES.

Deus, in adjutorium meum intende.	O Dieu, venez à mon secours !
Domine, ad adjuvandum me festina.	Seigneur, hâtez - vous de me secourir.
Gloria Patri, etc.	Gloire au Père, etc.

PSAUME 109.

DIXIT Dominus Domino meo : Sede à dextris meis,

Donec ponam inimicos tuos scabellum pedum tuorum.

Virgam virtutis tuæ emittet Dominus ex Sion : dominare in medio inimicorum tuorum.

Tecum principium in die virtutis tuæ in splendoribus Sanctorum : ex utero ante luciferum genui te.

Juravit Dominus, et non pœnitebit eum : tu es sacerdos in æternum, secundum ordinem Melchisedech.

Dominus à dextris tuis : confregit in die iræ suæ reges.

Judicabit in nationibus, implebit ruinas ;

LE Seigneur a dit à mon Seigneur : Asseyez-vous à ma droite,

Jusqu'à ce que je réduise vos ennemis à vous servir de marchepied.

L'Éternel va faire sortir de Sion le sceptre de votre autorité ; établissez-votre empire au milieu de vos ennemis.

Toute puissance est à vous au jour de votre force, au milieu de la splendeur de vos Saints : je vous ai engendré avant l'aurore.

L'Éternel l'a juré, il ne révoquera pas son serment : vous êtes le Prêtre éternel selon l'ordre de Melchisedech.

Le Seigneur est assis à votre droite ; il a écrasé les rois au jour de sa colère.

Il jugera les nations, il remplira tout de la ruine de

ses ennemis, il écrasera sur la terre, la tête d'un grand nombre.

conquassabit capita in terrâ multorum.

Il boira de l'eau du torrent ; c'est pourquoi il levera la tête.

De torrente in viâ bibet ; proptereà exaltabit caput.

Gloire soit au Père, etc.

Gloria Patri, etc.

PSAUME 112.

Enfans, louez le Seigneur, louez le nom du Seigneur

Laudate, pueri, Dominum ; laudate nomen Domini.

Que le nom du Seigneur soit béni, aujourd'hui et dans tous les siècles.

Sit nomen Domini benedictum, ex hoc nunc et usquè in seculum.

De l'orient jusqu'à l'occident, le nom du Seigneur est digne de louanges.

A solis ortu usquè ad occasum, laudabile nomen Domini.

Le Seigneur domine sur toutes les nations ; sa gloire est au-dessus des Cieux.

Excelsus super omnes gentes Dominus, et super cœlos gloria ejus.

Qui est comme Dieu notre Seigneur ? Il habite aux lieux les plus élevés, et ses regards s'abaissent sur les cieux et sur la terre.

Quis sicut Dominus Deus noster, qui in altis habitat, et humilia respicit in cœlo et in terrâ ?

Il relève le pauvre de la poussière, et l'indigent de son fumier,

Suscitans à terrâ inopem, et de stercore erigens pauperem,

Pour le faire asseoir entre les princes, entre les princes de son peuple.

Ut collocet eum cum principibus, cum principibus populi sui.

Il donne à l'épouse stérile la joie de se voir dans sa maison, la mère de plusieurs enfans.

Qui habitare facit sterilem in domo, matrem filiorum lætantem.

Gloire soit au Père, etc.

Gloria Patri, etc.

PSAUME 116.

Laudate Dominum, omnes gentes : laudate eum omnes populi.

Quoniam confirmata est super nos misericordia ejus : et veritas Domini manet in æternum.

Gloria Patri, etc.

Nations, louez toutes le Seigneur ; peuples, célébrez tous ses louanges.

Parce que sa miséricorde est affermie sur nous, et que la vérité du Seigneur demeure éternellement.

Gloire soit au Père, etc.

HYMNES

Pour les Fêtes de la Sainte Vierge et les Dimanches de l'Année.

Monstra te esse matrem,
Sumat per te preces,
Qui pro nobis natus,
Tulit esse tuus.

Montrez que vous êtes notre Mère, et faites agréer nos prières à celui qui, pour nous sauver, a bien voulu naître de vous.

Pour l'Avent.

Rorate, cœli, de super,
Justumque   fœcundo
  sinu,
Complexa tellus perdito,
Orbi salutem germinet.

Cieux, envoyez d'en haut votre rosée ; que la terre féconde reçoive le juste dans son sein, et donne au monde perdu son Sauveur.

Pour le temps de Noël.

Qui natus es de virgine,
Jesu, tibi sit gloria,
Cum Patre cumque spi-
  ritu,
In sempiterna secula.

O Jésus qui êtes né d'une vierge, gloire vous soit rendue, avec le Père et le saint Esprit dans les siècles éternels.

Pour le Carême.

CRÉATEUR plein de bonté, écoutez les prières, et regardez les larmes dont nous accompagnons le jeûne sacré de ces quarante jours.	AUDI, benigne conditor, Nostras preces cum fletibus, In hoc sacro jejunio Fusas quadragenario.

Pour le Temps de la Passion.

NOUS vous saluons, ô Croix! notre unique espérance. Que par vous, dans ce temps consacré à la passion du Sauveur, les justes croissent en piété, et que les coupables obtiennent leur pardon.	O Crux, ave, spes unica Hoc passionis tempore, Ange piis justitiam Reisque dona veniam.

Pour le Temps Pascal.

FAITES-NOUS, Jésus, la grâce de mourir et de ressusciter avec vous, et que méprisant les biens de la terre, nous n'aimions que ceux du Ciel.	DA, Christe, nos tecum mori. Tecum simul da surgere Terrena da contemnere, Amare da cœlestia.

CANTIQUE DE LA SAINTE VIERGE.

MON âme glorifie le Seigneur;	MAGNIFICAT anima mea Dominum;
Et mon esprit a tressailli d'allégresse dans le Dieu qui est mon salut :	Et exultavit spiritus meus, in Deo salutari meo :
Parce qu'il a regardé la bassesse de sa servante : et voilà que toutes les générations m'appelleront bienheureuse,	Quia respexit humilitatem ancillæ suæ; ecce enim ex hoc beatam me dicent omnes generationes,

Quia fecit mihi magna qui potens est : et sanctum nomen ejus ;

Et misericordia ejus à progenie in progenies timentibus eum.

Fecit potentiam in brachio suo : dispersit superbos mente cordis sui.

Deposuit potentes de sede, et exaltavit humiles.

Esurientes implevit bonis, et divites dimisit inanes.

Suscepit Israel puerum suum, recordatus misericordiæ suæ.

Sicut locutus est ad patres nostros. Abraham et semini ejus in secula.

Gloria Patri, etc.

V. Benedicamus Domino.

R. Deo gratias.

Parce que celui qui est tout-puissant a fait en moi de grandes choses : le Dieu saint est son nom ;

Sa miséricorde s'étend de génération en génération sur ceux qui le craignent.

Il a déployé la force de son bras ; il a dissipé les superbes qui s'élevoient dans le secret de leur cœur.

Il a renversé de leurs trônes les puissans, et il a élevé les humbles.

Il a rempli de biens ceux qui étoient affamés, et il a renvoyé, les mains vides, ceux qui étoient dans l'abondance.

Il a pris sous sa garde Israël son serviteur, parce qu'il s'est souvenu de sa miséricorde.

Selon les promesses qu'il a faites à nos pères, à Abraham, à sa race pour tous les siècles.

Gloire au Père, etc.

V. Bénissons le Seigneur.

R. Rendons grâces à Dieu.

Prose pour le Temps de Noël et pour la Fête de la sainte Enfance de N. S. J.-C.

ACCOUREZ, Fidèles pleins d'allégresse, venez à Béthléem, vous y verrez le Roi des Anges qui vient de naître. Venez, adorons le Seigneur.

ADESTE, fideles læti triumphantes, Venite, venite in Bethleem ; Natum videte Regem Angelorum, Venite, adoremus Dominum.

Dociles à la voix céleste, les bergers s'empressent de visiter son humble berceau ; et nous aussi, hâtons-nous d'y porter nos pas. Venez, adorons le Seigneur.

En grege relicto, humiles ad cunas Vocati pastores approperant ; Et nos ovanti gradu festinemus, Venite adoremus Dominum.

Nous y verrons celui qui est la splendeur éternelle du Père, caché sous le voile d'une chair mortelle ; nous y verrons un Dieu enfant, enveloppé de langes. Venez, adorons le Seigneur.

Æterni parentis splendorem æternum, Velatum sub carne videbimus Deum infantem pannis involutam. Venite adoremus Dominum.

Serrons dans de pieux embrassemens ce Dieu devenu pauvre pour nous, et couché sur la paille. Quand il nous aime ainsi, comment ne pas l'aimer à notre tour ? Venez, adorons le Seigneur.

Pro nobis egenum et fœno cubantem, Piis foveamus amplexibus ; Sic nos amantem quis non redamaret ? Venite, adoremus Dominum.

Pour le Jour de Pâques.

Alleluia , alleluia , alleluia.
O filii et filiæ !
Rex cœlestis, rex gloriæ,
Morte surrexit hodie.
   Alleluia.

Louez Dieu, louez Dieu, louez Dieu.
O mes fils et mes filles ! le roi du ciel, le roi de gloire est aujourd'hui ressuscité d'entre les morts.
   Louez Dieu.

Et Maria Magdalena ,
Et Jacobi et Salome ,
Venerunt corpus ungere.
   Alleluia.

Marie-Magdeleine, Marie, mère de Jacques et Salomé, vinrent pour embaumer son corps.
   Louez Dieu.

A Magdalenâ moniti ,
Ad ostium monumenti
Duo currunt discipuli.
   Alleluia.

Avertis par Magdeleine, deux disciples courent à l'entrée du tombeau.
   Louez Dieu.

Sed Joannes apostolus
Cucurrit Petro citiùs ,
Ad sepulcrum venit priùs.
   Alleluia.

Mais l'apôtre Jean a devancé Pierre, et arrive au sépulcre le premier.
   Louez Dieu.

In albis sedens Angelus ,
Respondit mulieribus ,
Quia surrexit Dominus.
   Alleluia.

Assis sur la pierre, un ange vêtu de blanc annonce aux femmes que le Seigneur est ressuscité.
   Louez Dieu.

Discipulis astantibus ,
In medio stetit Christus,
Dicens : Pax vobis omnibus.
   Alleluia.

Les disciples étant assemblés, Jésus parut au milieu d'eux, et leur dit : La paix soit avec vous tous.
   Louez Dieu.

Thomas, nommé Didyme, entend dire que Jésus est ressuscité ; il ne veut point croire.
Louez Dieu.

Postquàm audivit Didymus
Quia surrexerat Jesus,
Remansit fide dubius.
Alleluia.

Voyez, Thomas, voyez mon côté ; voyez mes pieds, voyez mes mains, et ne soyez pas incrédule.
Louez Dieu.

Vide, Thoma, vide latus,
Vide pedes, vide manus,
Noli esse incredulus.
Alleluia.

Quand Thomas eut vu le côté, les pieds et les mains de Jésus, il s'écria : Vous êtes mon Dieu.
Louez Dieu.

Quandò Thomas Christi latus,
Pedes vidit atque manus,
Dixit : Tu es Deus meus.
Alleluia.

Bienheureux ceux qui, sans avoir vu, ont cru d'une foi inébranlable ; ils posséderont la vie éternelle.
Louez Dieu.

Beati qui non viderunt,
Et firmiter crediderunt ;
Vitam æternam habebunt.
Alleluia.

Célébrons cette sainte solennité par des cantiques de louange et d'allégresse : bénissons le Seigneur.
Louez Dieu.

In hoc festo sanctissimo
Sit laus et jubilatio :
Benedicamus Domino.
Alleluia.

HYMNE. *Pour le Jour de la première Communion.*

CHANTE, ô ma langue ! le mystère du corps glorieux de Jésus, et du précieux sang que ce roi des nations, sorti d'un sein généreux, a

PANGE, lingua, gloriosi
Corporis mysterium,
Sanguinisque pretiosi,
Quem in mundi pretium,

Fructus ventris gene-
   rosi,
Rex effudit gentium.
Nobis datus, nobis natus
Ex intactâ virgine,
Et in mundo conversa-
   tus,
Sparso Verbi semine,
Sui moras incolatus,
Miro clausit ordine.

In supremæ nocte cœ-
   næ,
Recumbens cum fratri-
   bus,
Observatâ lege plenè,
Cibis in legalibus;
Cibum turbæ duodenæ
Se dat suis manibus,

Verbum caro, panem
   verum,
Verbo carnem efficit,
Fitque sanguis Christi
   merum,
Et si sensus deficit,
Ad firmandum cor sin-
   cerum
Solâ fides sufficit.

Tantum ergò Sacramen-
   tum
Veneremur cernui;
Et antiquum documen-
   tum,
Novo cedat ritui;
Præstet fides supple-
   mentum
Sensuum defectui.

répandu pour racheter le monde.

Il nous a été donné; il est né pour nous d'une vierge très-pure; il a conversé avec les hommes, et après avoir répandu la semence de la parole, il a terminé sa carrière par une merveille ineffable.

Dans la nuit de la dernière cène, assis à table au milieu de ses frères, et lorsqu'il eut accompli toutes les observances prescrites par la loi, de ses propres mains, lui-même se donne pour nourriture aux douze dont il était entouré.

Le Verbe fait chair change, par la puissance de sa parole, un pain véritable en sa propre chair, et le vin devient le vrai sang de Jésus-Christ : si les sens trop foibles s'étonnent ici, la foi suffit au cœur fidèle pour s'affermir.

Adorons donc, prosternés devant lui, un si grand Sacrement ; que l'ancien précepte cède au nouveau ; que la foi supplée à ce qui manque à nos sens.

Gloire, louange, salut, honneur et bénédiction au Père et au Fils; gloire égale à l'Esprit-Saint, qui procède du Père et du Fils. Ainsi soit-il.

Genitori, genitoque, Laus et jubilatio; Salus, honor, virtus quoque, Sit et benedictio; Procedenti ab utroque Compar sit laudatio. Amen.

Pour le Jour de la Confirmation.

Venez, Divin Créateur, Esprit-Saint, visiter les âmes de ceux qui sont à vous, et remplissez de votre grâce céleste les cœurs que vous avez créés.

C'est vous qui êtes appelé le consolateur, le don de Dieu Très-Haut, la source d'eau vive, le feu sacré, la charité même et l'onction spirituelle,

C'est vous qui nous sanctifiez par les sept dons de votre grâce; vous êtes le doigt de la main de Dieu. C'est vous qui, suivant la promesse du Père Éternel, rendez les bouches éloquentes.

Éclairez nos esprits de vos lumières; embrasez nos cœurs de votre amour; fortifiez notre faiblesse par une vertu que rien ne puisse ébranler.

Repoussez loin de nous notre ennemi. Faites-nous

Veni, Creator Spiritus, Mentes tuorum visita : Imple supernâ gratiâ Quæ tu creasti pectora.

Qui paracletus diceris, Donum Dei altissimi, Fons vivus, ignis caritas Et spiritalis unctio.

Tu septiformis munere, Dextræ Dei tu digitus, Tu, ritè promissum Patris, Sermone ditans guttura.

Accende lumen sensibus, Infunde amorem cordibus, Infirma nostri corporis, Virtute firmans perpeti. Hostem repellas longiùs,

Pacemque dones protinùs,
Ductore sic te prævio,
Vitemus omne noxium.
Per te sciamus da Patrem,
Noscamus atque Filium,
Te utriusque Spiritum
Credamus omne tempore.
Sit laus Patri, laus Filio,
Par sit tibi laus, Spiritus,
Afflante quo mentes sacris
Lucent et ardent ignibus.
Amen.

au plus tôt goûter votre paix. Soyez notre guide, afin que nous évitions tout ce qui peut nous nuir.

Que par vous nous croyons, durant toute notre vie, à un Dieu en trois Personnes, le Père, le Fils, et vous qui êtes l'Esprit, procédant du Père et du Fils.

Gloire au Père gloire au Fils, gloire à vous, Esprit Saint, qui éclairez les esprits et qui embrasez les cœurs par votre souffle divin.

Ainsi soit-il.

POUR LE SALUT DU SAINT SACREMENT.

O SALUTARIS Hostia !
Quæ cœlis pandis ostium,
Bella premunt hostilia,
Da robur, fer auxilium,

Qui carne nos pascis tuâ,
Sit laus tibi, Pastor bone,
Cum Patre cumque Spiritu,

In sempiterna secula.

Amen.

Hostie salutaire ! ó vous qui ouvrez les portes du ciel, de cruels ennemis nous assiégent : soutenez nos forces ; prêtez-nous votre secours.

Pasteur compatissant, vous qui nous nourrissez de votre chair, gloire vous soit rendue ; gloire au Père et à l'Esprit Saint, dans l'éternité des siècles.

Ainsi soit-il.

Je vous salue, ô vrai corps ! né de la Vierge Marie.

Vous avez été immolé pour l'homme sur la croix.

Votre côté transpercé a répandu l'eau et le sang.

Qu'en vous recevant nous soyons affermis contre les angoises de la mort.

O doux Jésus ! ô Jésus miséricordieux ! ô Jésus fils de Marie ! ayez pitié de nous.

Voici le pain des Anges, devenu la nourriture des hommes voyageurs sur cette terre, le vrai pain des enfans, qu'il ne faut pas jeter aux chiens.

V. Vous leur avez donné un pain descendu du ciel,

R. Qui renferme toutes les douceurs.

ORAISON.

O Dieu ! qui nous avez conservé le souvenir de votre passion et de votre mort, en établissant un Sacrement admirable, faites que, par une dévotion profonde pour le mystère sacré de votre

Ave, verum corpus natum
De Mariâ Virgine.
Verè passum, immolatum
In cruce pro homine ;
Cujus latus perforatum
Undâ fluxit cum sanguine.
Esto nobis prægustatum,
Mortis in examine.

O Jesu dulcis !
O Jesu pie !
O Jesu, fili Mariæ !
Tu nobis miserere.
Amen.

Ecce Panis angelorum
Factus cibus viatorum,
Verè panis filiorum,
Non mittendus canibus.

V. Panem de cœlo præstitisti eis.

R. Omne delectamentum in se habentem.

OREMUS.

Deus, qui nobis sub sacramento mirabili passionis tuæ memoriam reliquisti ; tribue, quæsumus, itâ nos corporis et sanguinis tui sacra mysteria venerari, ut redemptionis tuæ fructum in nobis jugiter sentiamus, qui vivis et regnas etc.

corps et de votre sang, nous éprouvions sans cesse le fruit de la rédemption que vous avez opérée, vous qui vivez, etc.

A LA SAINTE VIERGE.

O SANCTISSIMA,
O purissima,
Dulcis Virgo Maria!
Mater amata,
Intemerata. Ora pro nobis.
Pias lacrymas, pios gemitus,
Audi, bona; precamur;
Ingruunt hostes, suffice vires
Ora pro nobis.

Inviolata, integra et casta es, Maria!

Quæ es effecta fulgida cœli porta,

O mater alma, Christi carissima!
Suscipe pia laudum præconia,
Nostra ut pura pectora sint et corpora!

Te nunc flagitant devota corda et ora,

Tua per precata dulcisona,

O Vierge très-sainte et très-pur! ô douce Marie, Mère chérie, Mère sans tache! Priez pour nous.

Vierge pleine de bonté, écoutez, nous vous en conjurons, nos gémissemens et nos larmes; nos ennemis fondent sur nous, obtenez-nous la force de les vaincre, Priez pour nous.

Vous avez conservé tout l'éclat de votre virginité, ô Marie!

En devenant mère, vous nous avez ouvert l'entrée du Ciel;

O heureuse mère, la bien-aimée de Jésus-Christ,

Recevez les éloges que la piété donne à vos vertus;

Puissent nos cœurs et nos corps devenir purs par votre intercession!

C'est ce que nos cœurs et et nos bouches vous demandent,

Et par vos prières toujours agréables à votre Fils,

Faites-nous obtenir grâce pour toute l'éternité.

O Marie, Reine puissante et remplie de bonté !

Vous êtes la seule qui soyez devenue mère sans cesser d'être Vierge.

Nobis concedas veniam per secula.

O benigna ! ô regina ! ô Maria !

Quæ sola inviolata permansisti.

Pour le Temps pascal.

REINE du Ciel, réjouissez-vous ; parce que celui que vous avez mérité de porter dans votre sein est ressuscité comme il l'a dit. Intercédez le Seigneur pour nous.

Regina cœli lætare,
Alleluia,
quia quem meruisti portare,
Alleluia,
Resurrexit sicut dixit,
Alleluia,
Ora pro nobis Deum,
Alleluia,

V. Priez pour nous, Sainte Mère de Dieu.

R. Afin que nous méritions l'effet des promesses de J. C.

V. Ora pro nobis, sancta Dei genitrix.

R. Ut digni efficiamur promissionibus Christi.

ORAISON.

OREMUS.

SEIGNEUR , pardonnez à vos serviteurs leurs offenses, afin que, puisqu'ils ne peuvent vous plaire par leurs propres mérites, ils obtiennent leur salut par l'interecession de la Mère de votre Fils J.-C. Notre Seigneur , qui vit et règne, etc.

Famulorum tuorum, quæsumus, Domine, delictis ignosce, ut qui tibi placere de actibus nostris non valemus, genitricis tuæ auxilio a nostris iniquitatibus resurgamus. Per Christum.
Amen.

POUR LE ROI.

Domine Salvum fac regem ; et exaudi nos in die quâ invocaverimus te.

V. Fiat manus tua super virum dexteræ tuæ,

R. Et super Filium hominis quem confirmasti tibi.

OREMUS.

Quæsumur, omnipotens Deus, est famulus tuus, rex noster *N.*, qui tuâ miseratione suscepit regni gubernacula, virtutum etiam omnium percipiat incrementa, quibus decenter ornatus vitiorum monstra devitare, hostes superare, et ad te, qui via, veritas, et vita es, gratiosus valeat pervinere. Per Dominum Nostrum Jesum Christum, qui tecum vivit et regnat in unitate spiritûs sancte Deus per omnia secula seculorum.

Seigneur, sauvez le Roi, et exaucez nos prières au jour où nous vous invoquerons.

V. Que votre main repose sur l'homme de votre droite.

R. Et sur le Fils de l'homme que vous avez établi pour vous.

ORAISON.

Accordez, Dieu tout-puissant, à nos prières, que votre serviteur notre roi, *N.*, qui par votre miséricorde a reçu la conduite de ce royaume, reçoive aussi l'accroissement de toutes les vertus, afin que, revêtu de leur force et de leur éclat, il échappe aux horribles dangers du vice, il soit victorieux de ses ennemis, et, qu'agréable à vos lyeux, il puisse arriver jusqu'à vous, qui êtes la voie, la vérité et la vie ; vous qui, étant Dieu, vivez et régnez dans les siècles des siècles.

LITANIES

Pour honorer la Sainte Enfance de N. S. J.-C.

Seigneur, ayez pitié de nous.	Kyrie eleïson.
Christ, ayez pitié de nous.	Christe eleïson.
Seigneur, ayez pitié de nous.	Kyrie eleïson.
Jésus-Enfant, écoutez-nous.	Jesus Infans, audi nos.
Jésus-Enfant, exaucez-nous.	Jesus infans, exaudi nos.
Père céleste, qui êtes Dieu, ayez pitié de nous.	Pater de cœlis Deus, miserere nobis.
Fils Rédempteur du monde, qui êtes Dieu, ayez pitié de nous.	Fili, Redemptor mundi Deus, miserere nobis.
Esprit-Saint, qui êtes Dieu, ayez pitié de nous.	Spiritus sancte Deus, miserere nobis.
Trinité sainte, qui êtes un seul Dieu, Ayez.	Sancta Trinitas unus Deus, miserere nobis.
Jésus-Christ, qui avez été Enfant, Ayez.	Infans Jesus Christe, miserere nobis.
Enfant, qui êtes vraiment Dieu, Ayez.	Infans Deus verè, miserere nobis.
Enfant, qui êtes Fils du Dieu vivant,	Infans, Fili Dei vivi,
Enfant, qui êtes Fils de la Vierge Marie,	Infans, Fili Mariæ Virginis,
Enfant, né avant l'aurore,	Infans, ante luciferum genite,
Enfant, qui êtes le Verbe fait chair,	Infans, Verbum caro factum,
Enfant, qui êtes la sagesse de votre Père,	Infans, sapientia Patris,

nfans, integritas Matris,	Enfant, qui avez consacré la virginité de votre Mère,
Infans, Patris unigenite,	Enfant, Fils unique de votre Père,
Infans, Matris primogenite,	Enfant, premier né de votre Mère,
Infans, imago Patris,	Enfant, qui êtes l'image de votre Père,
Infans, origo Matris,	Enfant, qui êtes le principe de votre Mère,
Infans, Patris splendor,	Enfant, qui êtes la splendeur du Père,
Infans, Matris honor,	Enfant, qui êtes l'honneur de votre Mère,
Infans, æqualis Patri,	Enfant, égal à votre Père.
Infans, subdite Matri,	Enfant, soumis à votre Mère,
Infans, Patris deliciæ,	Enfant, qui êtes les délices de votre Père,
Infans, Matris divitiæ,	Enfant, qui êtes les richesses de votre Mère,
Infans, donum Patris,	Enfant, qui êtes le don du Père,
Infans, munus Matris,	Enfant, qui êtes le présent de votre Mère,
Infans, partus Virginis,	Enfant, le fruit d'une Vierge,
Infans, Creator hominis,	Enfant, Créateur de l'homme,
Infans, virtus Dei,	Enfant, qui êtes la vertu de Dieu,
Infans, Deus noster,	Enfant, qui êtes notre Dieu,
Infans, Frater noster,	Enfant, qui êtes notre Frère,
Infans, viator in gloria,	Enfant, qui êtes voyageur dans la gloire,
Infans, comprehensor in viâ,	Enfant, qui êtes glorieux dans la voie,
Infans, vir ab utero,	Enfant, qui avez la maturité d'un homme parfait, dès le ventre de votre Mère,

Miserere nobis.

Ayez pitié de nous.

Enfant, qui avez la sagesse d'un vieillard dès votre enfance,	Infans, senex à puero,
Enfant, qui êtes le père des siècles,	Infans, Pater seculorum,
Enfant, né depuis peu de jours,	Infans, aliquot dierum,
Enfant, qui étant la vie, êtes nourri de lait,	Infans vita, lactens,
Enfant, qui étant le Verbe, demeurez dans le silence,	Infans Verbum, silens,
Enfant, qui jetez des cris enfantins dans le berceau,	Infans, vagiens in cunis,
Enfant, qui tonnez du haut du Ciel,	Infans, fulgurans in cœlis,
Enfant, la terreur de l'enfer,	Infans, terror inferni,
Enfant, la joie du Paradis,	Infans, jubilus Paradisi,
Enfant, qui êtes terrible aux tyrans,	Infans, tyrannis formidabilis,
Enfant, qui êtes le désir des Mages,	Infans, Magis desiderabilis,
Enfant, qui êtes exilé du milieu de votre peuple,	Infans, exul à populo,
Enfant, qui êtes Roi dans votre exil,	Infans, Rex in exilio,
Enfant, destructeur des idoles,	Infans, idolorum eversor,
Enfant, jaloux de la gloire de votre Père,	Infans, gloriæ Patris zelator,
Enfant, qui êtes fort dans la foiblesse,	Infans, fortis in debilitate,
Enfant, qui êtes puissant dans la petitesse.	Infans, potens in exilitate.
Enfant, qui êtes le trésor de la grâce,	Infans, thesaurus gratiæ,
Enfant, qui êtes la source du bon amour,	Infans, fons amoris,

nfans, instaurator cœlestium,	Enfant, qui rétablissez tout dans le Ciel,
nfans, reparator terrestrium,	Enfant, qui réparez tout sur la terre,
Infans, caput Angelorum,	Enfant, qui êtes le chef des Anges,
Infans, radix Patriarcharum,	Enfant, qui êtes la tige des Patriarches,
Infans, sermo Prophetarum,	Enfant, la parole des Prophètes,
Infans, desiderium gentium,	Enfant, le désir des Nations,
Infans, gaudium Pastorum,	Enfant, la joie des Pasteurs,
Infans, lumen Magorum,	Enfant, la lumière des Mages,
Infans, salus infantium,	Enfant, le salut des enfans,
Infans, expectatio Justorum,	Enfant, l'attente des Justes,
Infans, doctor sapientium,	Enfant, le Maître des Sages,
Infans, primitiæ Sanctorum omnium.	Enfant, qui êtes les prémices de tous les Saints,

Miserere nobis. — *Ayez pitié de nous.*

Propitius esto, Parce nobis, Infans Jesu,	Soyez-nous favorable, pardonnez-nous, Jésus Enfant,
Propitius esto, Exaudi nos, Infans Jesu,	Soyez-nous favorable, exaucez-nous, Jésus Enfant.
A jugo servitutis filiorum Adæ, libera nos, Infans Jesu,	Du joug de la servitude des Enfans d'Adam, délivrez-nous, Jésus Enfant.
A captivate diabolicà, libera.	De la captivité du démon, délivrez-nous.
A nequitiâ sæculi, libera nos, Infans.	De la malignité du siècle, délivrez.
A concupiscentiâ carnis, libera.	De la concupiscence de la chair, délivrez.

De l'orgueil de la vie , délivrez-nous, Jésus Enfant.	A superbiâ vitæ, libe nos , Infans.
Du désir déréglé de savoir, délivrez.	Ab inordinatâ scien cupiditate, libera.
De l'aveuglement de l'esprit, délivrez.	A cœcitate mentis, libe nos , Infans.
De la mauvaise volonté , délivrez.	A malá voluntate, libe nos, Infans.
De nos péchés,	A peccatis nostris,
Par votre conception très-pure,	Per purissimam Concep tionem tuam.
Par votre naissance très-humble.	Per humillimam Nativ tatem tuam.
Par vos larmes, déliv.	Per lacrymas tuas, li bera nos, Infans.
Par votre Circoncision très-douloureuse, déliv.	Per durissimam Cir cumcisionem tuam, libera nos, Infans.
Par votre manifestation très-glorieuse, déliv.	Per gloriosissimam ma nifestationem tuam, libera.
Par votre présentation, où vous vous êtes consacré à Dieu, déliv.	Per devotissimam Præsentationem tuam , libera.
Par votre conversation très-sainte, déliv.	Per innocentissiman conversationem tuam libera.
Par votre vie toute divine, délivrez.	Per divinissimam vitan tuam, libera.
Par votre pauvreté, délivrez-nous, Enfant Jésus.	Per paupertatem tuam libera nos.
Par vos souffrances, déliv.	Per passiones tuas, li bera.
Par vos voyages,	Per peregrinationes tuas
Par vos travaux, délivrez-nous, Jésus Enfant.	Per labores tuos, libera nos, Infan Jesu.

gnus Dei, qui tollis peccata mundi, exaudi nos, Infans Jesu.

gnus Dei, qui tollis peccata mundi, miserere nobis, Infans Jesu.

V. Adorate eum angeli Dei.

R. Audivit et lætata es ion.

ORÉMUS.

DOMINE Jesu-Christe, qui sublimitatem incarnatæ divinitatis tuæ, et humanitatis tuæ usque ad humillimum nativitatis et infantiæ statum pro nobis exinanire dignatus es ; da nobis ut divinam in infantiâ sapientiam in debilitate potentiam, in exilitate majestatem agnoscentes, te parvulum adoremus in terris, te magnum intueamur in cœlis, qui vivis et regnas cum Deo patre, in unitate Spiritus sancte Deus, Per omnia sæcula sæculorum.

Amen.

Agneau de Dieu, qui effacez les péchés du monde, exaucez-nous, Jésus Enfant.

Agneau de Dieu, qui effacez les péchés du monde, Délivrez-nous, Jésus Enfant.

V. Esprits célestes, adorez-le.

R. Sion l'a ente ndu et a tressailli de joie.

ORAISON.

Jésus Notre Seigneur, qui avez daigné anéantir pour l'amour de nous, la grandeur de votre divinité incarnée et votre humanité toute divine, jusqu'à l'état et à la condition très-basse de la naissance et de l'enfance ; faites, s'il vous plaît, qu'en reconnaissant votre sagesse divine dans l'enfance, votre puissance dans la faiblesse, votre Majesté dans la petitesse, nous vous adorions très-petit sur la terre, et que nous vous contemplions tout grand que vous êtes dans le Ciel : Vous qui étant Dieu, vivez et régnez avec Dieu le Père, en l'unité du St-Esprit, durant tous les siècles des siècle.

Ainsi soit-il.

PRIÈRE POUR LES MORTS.

Des profondeurs de l'abîme, j'ai crié vers vous, Seigneur : Seigneur, écoutez ma voix.

Que vos oreilles soient attentives à la voix de ma prière.

Si vous considérez les iniquités, Seigneur, Seigneur, qui soutiendra votre jugement ?

Mais la propitiation est en vous, Seigneur, et à cause de votre loi, je vous ai attendu.

Je vous ai attendu, à cause de votre parole, mon âme a espéré dans le Seigneur.

Depuis la veille du matin jusqu'à la nuit, Israël espérera dans le Seigneur.

Car dans le Seigneur est la miséricorde et une rédemption immense.

Et il rachètera Israël de toutes ses iniquités.

Donnez-leur le repos éternel ; et que votre lumière luise à jamais pour eux.

De profundis clamavav ad te, Domine; Domine exaudi vocem meam.

Fiant aures tuæ intendentes in vocem deprecationis meæ.

Si iniquitates observaveris, Domine; Domine; quis sustinebit ?

Quia apud te propitiatio est, et propter legem tuam sustinui te Domine.

Sustinuit anima mea in verbo ejus : speravit anima mea in Domino.

A custodiâ matutinâ usque ad noctem speret Israël in Domino.

Quia apud Dominum misericordia, et copiosa apud eum redemptio.

Et ipse redimet Israël ex omnibus iniquitatibus ejus.

Requiem æternam, dona eis Domine, et lux perpetua luceat eis.

ORAISON.

O Dieu qui êtes le créateur et le rédempteur de tous

OREMUS.

Fidelium Deus omnium conditor et

redemptor, animabus famulorum famularumque tuarum, remissionem cunctorum tribue peccatorum, ut indulgentiam quam semper optaverunt piis supplicationibus consequantur. Qui vivis et regnas in unitate Spiritus Sancte Deus ; per omnia sæcula sæculorum. Amen.

les hommes, accordez aux âmes de vos serviteurs et de vos servantes la rémission de toutes leurs fautes, qu'ils obtiennent par les prières et les supplications de votre Eglise l'indulgence qu'ils ont toujours désirée. Vous qui étant Dieu, vivez et régnez avec le Père et le Saint-Esprit, dans les siècles des siècles.

Ainsi soit-il.

COMPLAINTE

EN L'HONNEUR DE LA SAINTE VIERGE AU PIED DE LA CROIX.

Stabat Mater dolorosa,
Juxta Crucem lacrymosa,
Dum pendebat Filius.
  Cujus animam gementem,
Contristatam et dolentem,
Pertransivit gladius.
  O quàm tristis et afflicta,
Fuit illa benedicta
Mater Unigeniti.
  Quæ mœrebat et dolebat,

Debout au pied de la croix, la Mère de douleur fondoit en larmes à l'aspect de son Fils crucifié.

C'est là que son âme, plongée dans l'abattement, la tristesse et le deuil, est percée du glaive qui lui a été prédit.

Qu'elles furent grandes l'amertume et l'affliction de cette Mère bénie d'un Fils uique !

Cette tendre Mère gémissoit et soupiroit à la vue de

son Fils, le Roi de gloire, abandonné à d'infâmes supplices.

Qui pourroit retenir ses larmes, en considérant la Mère de Jésus dans cet excès de tourment ?

Qui pourroit, sans attendrissement, contempler le spectacle d'une Mère partageant les souffrances de son Fils ?

Elle a vu son Fils en proie aux supplices, et livré à la flagellation pour les péchés de son peuple.

Elle a vu son Fils bien aimé mourant, délaissé en rendant l'esprit.

O Mère pleine d'amour, faites que je ressente la violence de votre douleur, que je mêle mes larmes aux vôtres.

Que mon cœur soit tout de feu pour aimer Jésus et mériter ses complaisances.

Chaste Mère, veuillez graver profondément dans mon cœur l'empreinte des plaies de Jésus crucifié.

Donnez-moi part avec vous

Pia Mater, dum videbat
Nati pœnas inclyti.

Quis est homo qui non fleret,
Christi Matrem si videret
In tanto supplicio ?

Quis posset non contristari,
Piam Matrem contemplari,
Dolentem cum Filio ?

Pro peccatis suæ gentis
Vidit Jesum in tormentis,
Et flagellis subditum.

Vidit suum dulcem Natum
Morientem, desolatum,
Dum emisit spiritum.

Eia Mater, fons amoris,
Me sentire vim doloris,
Fac ut tecum lugeam.

Fac ut ardeat cor meum
In amando Christum Deum,
Ut illi complaceam.

Sancta Mater, istud agas,
Crucifixi fige plagas
Cordi meo validè.

Tui Nati vulnerati,

Tam dignitati pro me pati,
Pœnas mecum divide.

Fac me piè tecum flere,
Crucifixo condolere,
Donec ego vixero.

Juxta Crucem tecum stare,
Et me tibi sociare
In planctu desidero.
Virgo virginum præclara,
Mihi jam non sis amara.
Fac me tecum plangere.

Fac ut portem Christi mortem,
Passionis fac consortem
Et plages recolere.

Fac me plagis vulnerari,
Cruce hâc inebriari,
Ob amorem Filii.

Ne flammis urar succensus.
Per te, Virgo, sim defensus
In die judicii.
Fac me Cruce custodiri,
Morte Christi præmuniri,
Confoveri gratiâ.

aux souffrances de votre Fils, blessé pour moi, et qui s'est assujetti à tous les tourmens.

Que tant que je vivrai je pleure amoureusement avec vous, que je compatisse aux douleurs de votre Fils crucifié.

Désormais je veux demeurer avec vous au pied de la Croix, et m'associer à votre tristesse.

O Vierge, l'honneur des vierges, ne soyez plus insensible à mes vœux; obtenez-moi de pleurer avec vous.

Qu'il me soit donné de porter la Croix de Jésus; qu'il me soit donné de participer à sa passion et de n'oublier jamais ses plaies.

Faites que je sois blessé de ses blessures, que je sois enivré de cette Croix, pour l'amour de celui qui s'y est immolé.

Pour que je ne sois pas la proie des flammes éternelles, Vierge puissante, défendez-moi au jour du jugement.

Que la Croix de Jésus soit ma défense; que sa mort soit ma sûreté, sa grâce, mon soutien.

Quand mon corps mourra, obtenez à mon âme la gloire du paradis.

Ainsi soit-il.

℣.O vous tous qui êtes témoins de ce spectacle, ℟. Considérez et voyez s'il y a douleur semblable à la mienne.

PRIONS.

Nous réclamons, Seigneur Jésus, auprès de votre clémence, maintenant et à l'heure de notre mort, l'intercession de la bienheureuse Vierge votre Mère, dont le cœur fut percé d'un glaive de douleur au moment de votre Passion; Vous qui, étant Dieu, etc.

Quando corpus morietur,
Fac ut animæ donetur Paradisi gloria.

Amen.

℣. O vos omnes qui transitis per vitam, ℟. Attendite et videte si est dolor sicut dolor meus.

OREMUS.

INTERVENIAT pro nobis quæsumus, Domine Jesu, apud tuam clementiam, nunc et in horâ mortis nostræ, beata Virgo Mater tua, cujus animam, in hora Passionis tuæ, doloris gladius pertransivit; Qui vivis et regnas, Deus.

FIN.

TABLE

DES CANTIQUES.

TABLE DES CANTIQUES.

FIN DE LA TABLE.

SUPPLÉMENT

AUX

CANTIQUES DE SAINT-THOMAS-D'AQUIN.

Pour la naissance et l'enfance de la Sainte-Vierge.

Air nouveau. N° 60.

De tes enfans reçois l'hommage,
Prête l'oreille à leurs accens;
Seigneur, c'est ton plus noble ouvrage
Qu'ils vont célébrer dans leurs chants;
Ranimé par ta main puissante,
Plein d'un espoir consolateur,
David de sa tige mourante
Voit germer la plus belle fleur.　　(*bis.*)

Pleine de grâce, ô Vierge incomparable!
L'honneur, la gloire et l'appui d'Israël,
Jetez sur nous un regard favorable,
De cet exil conduisez-nous au ciel.

Des misères et des alarmes
Cette terre étoit le séjour,
Mais le ciel, pour tarir nos larmes,
Nous donne une mère en ce jour :

Chantons cette mère chérie,
Offrons-lui le don de nos cœurs,
Et que notre bouche publie
Et ses charmes et ses grandeurs.   (*bis.*).
 Pleine de grâce, etc.

Elle est pure comme l'aurore
Qui luit dans un brillant lointain,
Comme le lis qu'on voit éclore
Dans la fraîcheur d'un beau matin :
Et jusqu'aux sources de la vie,
Par un prodige sans égal,
Son âme ne fut point flétrie
Du souffle empoisonné du mal.   (*bis.*)
 Pleine de grâce, etc.

Ainsi qu'un palmier solitaire,
Qui croît sur le courant des eaux,
Et tous les ans donne à la terre
Des fleurs avec des fruits nouveaux ;
Ainsi, loin du monde volage,
Il croîtra cet Enfant divin,
Et tous les peuples, d'âge en âge,
Béniront le fruit de son sein.
 Pleine de grâce, etc.

INVOCATION.

Reine des cieux, de nos jeunes années,
Par vos bienfaits, embellissez le cours!
Exaucez-nous!... à vos pieds prosternées,
Nous y jurons de vous aimer toujours.   (*bis.*)
 Ah! puisse notre humble prière
 Vous plaire en cet heureux moment,
 Comme plaît à la tendre mère
 Le sourire de son enfant!   (*bis.*)

Pleine de grâce, ô Vierge incomparable !
L'honneur, la gloire et l'appui d'Israël,
Jetez sur nous un regard favorable,
Et, par Jésus, conduisez-nous au ciel !

Même sujet.

Air : *Célébrons ce grand jour, etc.* N° 71.

QUEL beau jour vient s'offrir à notre âme ravie,
    Nous inspirer des chants joyeux !
Les temps sont accomplis, Dieu prépare en Marie
    L'accord de la terre et des cieux.
        Cette terre ingrate et rebelle
        Du Ciel provoquoit le courroux ;
        Vierge humble, modeste et fidèle,
        C'est toi qui vas nous sauver tous.

        Chantons cette fête chérie,
        Ce jour de grâce et de bonheur,
        Et que le doux nom de Marie
        Règne à jamais dans notre cœur.

La nature et la grâce à l'envi l'ont parée,
    Elle est un chef-d'œuvre en naissant ;
Rien ne ternit l'éclat de cette arche sacrée
    Qu'habitera le Tout-Puissant :
        Elle étonne et ravit les anges
        Prosternés devant son berceau,
        Et leurs lyres, pour ses louanges,
        N'ont plus de concert assez beau. Chantons, etc.

Voyez éclore un lis, et sa tige éclatante
  Exhaler la plus douce odeur ;
Telle est à son berceau votre Reine naissante,
  Pleine de grâce et de douceur.
  L'amour, la candeur, l'innocence
  Accompagnent ses premiers pas.
  O l'heureuse, ô l'aimable enfance !
  Pourrions-nous ne l'imiter pas ?... Chantons, etc.

O divine Marie, ô notre tendre mère,
  Daignez nous bénir en ce jour ;
Songez que cet asile est votre sanctuaire,
  Qu'il a des droits à votre amour :
  A cette famille attendrie
  Inspirez toujours la ferveur,
  Et qu'au ciel, comme en cette vie,
  Nous soyons tous en votre cœur. Chantons, etc.

Même sujet.

Air : *L'encens des fleurs, etc.*

Mère de Dieu, quelle magnificence
Orne aujourd'hui ton aimable berceau !
Les anges saints veillent sur ton enfance.
Le ciel a-t-il un spectacle plus beau ?

  Tendre Marie,
  O mon bonheur !
  Toujours chérie,
  Tu vivras dans mon cœur.

Anges, soyez témoins de ma promesse,
Cieux, écoutez ce serment solennel!
» Oui, c'en est fait, mon cœur, plein de tendresse.
» Jure à Marie un amour éternel. »

Tendre Marie, etc.

Si je devois, infidèle et volage,
Un seul moment cesser de te chérir,
Tranche mes jours à la fleur de mon âge:
Je t'en conjure, ah! laisse-moi mourir.

Tendre Marie, etc.

Bonheur de servir Marie.

AIR N° 83.

HEUREUX qui, dès le premier âge,
Honorant la Reine des cieux,
Fuit les dons qu'un monde volage
Etale avec pompe à ses yeux!
Qu'on est heureux sous son empire!
Qu'un cœur pur y trouve d'attraits!
Tout y ressent, tout y respire
L'amour, l'innocence et la paix.　　*(bis.)*

Mondain, ta grandeur tout entière
S'anéantit dans le tombeau;
L'instant où finit ta carrière
Du juste est l'instant le plus beau.
La paix règne sur son visage,
Son cœur est embrasé d'amour;
Sa vie a coulé sans nuage,
Sa mort est le soir d'un beau jour.　　*(bis.*

Comme un rocher qui, d'âge en âge
Battu par les flots agités,
Brave la fureur de l'orage
Et l'effort des vents irrités ;
Le vrai serviteur de Marie,
Sûr à jamais de son appui,
Brave l'impuissante furie
De l'Enfer armé contre lui.   (bis.)

Régnez, Vierge sainte, en notre âme ;
Vous y ferez régner la paix :
Gravez en nous en traits de flamme
Le souvenir de vos bienfaits.
Mettez à l'ombre de vos ailes
Ces cœurs qui vous sont consacrés ;
Vers les demeures éternelles
Guidez nos pas mal assurés.   (bis.)

Consécration à Marie.

Air :

Sion, de ta mélodie,
Cesse les divins accords ;
Laisse-nous près de Marie
Faire éclater nos transports.
La reine que tu révères,
Le digne objet de tes chants,
Apprends qu'elle est notre mère,
Et fais place à ses enfans.

Mais comment de cette enceinte
Percer les voûtes des cieux !
Descends plutôt, Vierge sainte,
Et viens régner en ces lieux.
Viens d'un exil trop sévère
Adoucir les longs tourmens :
Ta présence, auguste Mère,
Sera chère à tes enfans !

Pour toi nous sentons nos âmes
Brûler, en ce divin jour,
Des plus innocentes flammes,
Du plus généreux amour.
Ah ! puissions-nous à te plaire
Consacrer tous nos instans,
Et prouver à notre Mère
Que nous sommes ses enfans !

Sur tes autels, ô Marie,
Tous, d'une commune voix,
Nous jurons toute la vie
D'être soumis à tes lois.
De notre hommage sincère
Puissent ces foibles garans
Flatter notre tendre Mère !
C'est le vœu de ses enfans.

Hommage à Marie.

Air N° 28.

CÉLESTES chœurs, anges du sanctuaire,
A nos accens unissez vos transports ;
A votre Reine, à notre aimable mère
Nous consacrons nos vœux et nos accords.

Nom de Marie, ô nom plein d'espérance !
Uni toujours au doux nom de Jésus,
Il adoucit, il charme la souffrance,
Il rend la force à nos cœurs abattus.

Monde insensé, ne vante plus tes charmes,
Le fruit du crime est toujours la douleur ;
Viens à Marie enfin rendre les armes,
Tu connoîtras le souverain bonheur.

Asile heureux de la tendre innocence,
Tes bras aussi reçoivent le pécheur ;
Ta douce main désarme la vengeance,
Et pour abri tu nous ouvres ton cœur.

O douce Mère, achève ton ouvrage ;
Rassemble, unis, enchaîne tous les cœurs,
Et nous viendrons, en ces lieux, d'âge en âge,
Chanter ton nom, célébrer tes grandeurs.

Même sujet.

Air connu.

QUELLE est cette aurore nouvelle
Dont le lever est si pompeux ?
Qu'elle est brillante, qu'elle est belle !
Est-il d'astre plus radieux ?
Repliant tes voiles funèbres,
Trop longue nuit, rentre aux enfers,
Et de l'empire des ténèbres
Délivre enfin cet univers.

Je la vois ma Libératrice
S'élever avec majesté,
Et, toute pure de justice,
Des cieux effacer la beauté.
Tandis qu'aux pieds de cette Reine,
J'entends frémir notre Tyran,
Les anges de leur souveraine
Escortent le char triomphant.

Du péché la vapeur funeste
N'a jamais flétri ses appas ;
Jamais de ce flambeau céleste
La mort n'osa ternir l'éclat.
Chef-d'œuvre de la main divine,
Quel pinceau saisira tes traits ?
Et de ta sublime origine
Qui me dira tous les secrets ?

De ton âme exempte de vice
Le lis me dépeint la blancheur ;
Je vois dans son tendre calice
Le vrai symbole de ton cœur.
Enfin, toujours pure, innocente,
Depuis l'instant de ton berceau
Jusqu'à ce jour où, triomphante,
Tu franchis l'horreur du tombeau.

Du haut des cieux, Vierge puissante,
Laisse-toi toucher de nos maux :
Hélas ! d'une chaîne pesante
Nous traînons les tristes anneaux.
Souviens-toi que, brisant la tête
Du plus cruel de nos tyrans,
L'univers devient ta conquête,
Et nous devenons tes enfans.

Grandeurs de Marie.

Air : *Ce que je dis est la vérité même.* N° 61.

Reine des cieux, de notre tendre hommage
  Nous vous offrons le foible encens ;
Que votre nom soit chanté d'âge en âge,
Qu'il soit toujours l'objet de nos accens.   *Fin.*
  Les cieux l'admirent en silence :
Comment oser célébrer sa grandeur ?
  Mais oublions notre impuissance,
  Ne consultons que notre cœur.

Reine des cieux, etc.

De l'homme, hélas! le crime est le partage;
  Il naît coupable et corrompu :
Dieu la sauva de ce triste naufrage,
Rien n'altéra l'éclat de sa vertu.   *Fin.*
  Ainsi du lis dans nos prairies
Rien ne ternit la brillante couleur;
  Entouré de tiges flétries,
  Il ne perd rien de sa blancheur.

De l'homme, hélas! etc.

L'appât trompeur et séduisant des vices
  Ne corrompit jamais son cœur :
Plaire à son Dieu fit toujours ses délices,
Vivre pour lui fut toujours son bonheur.   *Fin.*
  Bientôt son aimable innocence
Et ses vertus vont recevoir leur prix :
  Le jour paroît, l'instant s'avance...
  Le Fils d'un Dieu devient son fils.

L'appât trompeur, etc.

O Vierge sainte, auguste protectrice,
  Que votre amour veille sur nous;
D'un Dieu sévère apaisez la justice,
Et suspendez l'effet de son courroux.   *Fin.*
  Insensible à notre tristesse,
Si des mortels vous dédaignez les vœux,
  Rappelez à votre tendresse
  Que votre Fils mourut pour eux.

O Vierge sainte, etc.

Soutenez-nous au milieu des alarmes,
  Secourez-nous dans nos malheurs.
Vous plairez-vous à voir couler nos larmes?
Vous êtes mère, et nous versons des pleurs.   *Fin.*

Ah! songez que notre misère
Devint pour vous la source des grandeurs!
Dieu vous eût-il choisi pour mère,
Si nous n'eussions été pécheurs?
Soutenez-nous, etc.

Même sujet.

Air : *O toi qui n'eus jamais dû naître.*

Dans ce séjour de l'innocence,
Quel astre propice à nos vœux
Vient, par une douce influence,
Embraser nos cœurs de ses feux?
    Quelle est l'aurore,
    Qui fait éclore
Ce jour serein et radieux,
    Dont la lumière
    Montre à la terre
L'éternelle splendeur des cieux?   (*bis.*)

Elle paroît : à sa présence
Tout semble sortir du tombeau;
Le monde quitte son enfance
Et devient un monde nouveau;
    Parfaite image,
    Précieux gage
Du brillant soleil qui la suit,
    Son doux sourire
    De son empire
Bannit enfin l'affreuse nuit.   (*bis.*)

Qui pourroit, auguste Marie,
Ne pas te connoître à ces traits,
Mére d'un Dieu qui de la vie
Compte les jours par ses bienfaits?

Tu mets au monde,
Vierge féconde,
De nos maux le Réparateur,
Et créature,
De la nature
Tu nous donnes le Créateur   (bis.)

De l'Immortel mortelle mère,
Oh! que tes destins sont heureux!
Du Dieu vivant la mort révère
Sur ton front le sceau glorieux.
Bientôt, vivante
Et triomphante,
Tu prends ton essor dans les airs;
Et pour couronne,
Ton Fils te donne
L'empire de cet univers.   (bis.)

Du trône éclatant de ta gloire,
Daigne agréer ce foible encens;
Permets de chanter ta victoire
A ceux qui tous sont tes enfans.
Que cette fête
Soit l'interprète
Des sentimens de notre cœur:
Que, sous tes ailes,
Humbles, fidèles,
Nous parvenions au vrai bonheur.   (bis.)

Sur le sacré Cœur de Marie.

Air N° 1.

Cœur sacré de Marie,
Cœur tout brûlant d'amour,
Cœur que la terre envie
Au céleste séjour,

Communique à nos âmes
Un rayon de ce feu,
De ces divines flammes
Dont tu brûlas pour Dieu.

Sanctuaire ineffable
Ou reposa Jésus,
O source intarissable
De toutes les vertus;
Percé sur le Calvaire
D'un glaive de douleurs,
Tu ne vois sur la terre
Que mépris, que froideurs.

Cœur tendre, cœur aimable,
Des pécheurs le secours,
Leur malice exécrable
Te perce tous les jours;
Ah! puissent nos hommages
Réparer aujourd'hui
Tant de sanglans outrages,
Qu'on te fait à l'envi!

Montre-toi notre mère;
De tes enfans chéris
Reçois l'humble prière
Pour l'offrir à ton Fils.
Conduis-nous sous ton aile
Jusqu'au cœur de Jésus :
Une mère peut-elle
Essuyer un refus?

Cantique du midi.

Air : *Le soleil vient.*

L'astre du jour, du haut de sa carrière,
De feux remplit l'immensité des cieux.
Tel à ta voix un torrent de lumière
Jaillit, Seigneur, du chaos ténébreux.
    L'astre du jour, etc.

Qu'il est brillant dans un ciel sans nuage !
Quel œil mortel peut soutenir ses feux ?
Il n'est encor qu'une bien foible image
Du Dieu puissant qui règne dans les cieux.
    L'astre du jour, etc.

Bientôt la nuit va de ses sombres ailes
De la nature éclipser la beauté,
Pour succéder à nos clartés mortelles,
D'un jour sans fin déjà luit la clarté.
    L'astre du jour, etc.

Méprisons donc le néant de ce monde,
Que tous nos vœux se portent vers le ciel ;
Du vrai bonheur c'est la source féconde,
Il n'est de paix qu'au sein de l'Eternel.
    L'astre du jour, etc.

Cantique du soir.

Air connu.

Le soleil vient de finir sa carrière,
Comme un instant ce jour s'est écoulé.
Jour après jour, ainsi la vie entière
S'écoule et passe avec rapidité.
    Le soleil vient, etc.

A chaque instant l'éternité s'avance,
Travaillons-nous à nous y préparer?
De nos péchés faisons-nous pénitence?
De la vertu suivons-nous le sentier?
　　Le soleil vient, etc.

Si cette nuit le souverain Arbitre
Nous appeloit devant son tribunal,
A sa clémence avons-nous quelque titre?
Que lui répondre à cet instant fatal?
　　Le soleil vient, etc.

Du moins touchés d'un repentir sincère,
Pleurons, chrétiens, les fautes de ce jour,
Du Dieu vengeur désarmons la colère ;
Un cœur contrit regagne son amour.
　　Le soleil vient, etc.

Aveux du pécheur.

Air N° 36.

J'ai péché dès mon enfance,
J'ai chassé Dieu de mon cœur;
J'ai perdu mon innocence,
Quelle perte! ah! quel malheur!
　　J'ai péché, etc.

Oh! qui mettra dans ma tête
Une fontaine de pleurs,
Sur la perte que j'ai faite,
Sur le plus grand des malheurs!
　　Oh! qui mettra, etc.

Riche trésor de la grâce,
Te perdant, j'ai tout perdu :
Que faut-il donc que je fasse
Pour que tu me sois rendu?
　　Riche trésor, etc.

Innocence inestimable,
Que je te connoissois peu,
Quand d'un bien si désirable
La perte m'étoit un jeu!
    Innocence inestimable, etc.

Oh! que mon âme étoit belle
Quand elle avoit sa candeur!
Depuis qu'elle est criminelle,
O Dieu, quelle est sa laideur!
    Oh! que mon âme, etc.

O mon Dieu, dans mon baptême,
A vous je me consacrai;
Et dès mon enfance même
Au démon je me livrai.
    O mon Dieu, etc.

O promesses prononcées
A la face des autels,
Et si souvent violées
Par mille péchés mortels!
    O promesses, etc.

Pardonnez à ce rebelle
Qui déplore son malheur,
Qui veut vous être fidèle
Et vous redonner son cœur.
    Pardonnez, etc.

Le Pécheur dans la solitude.

Air N° 4.

Tout me confond dans ce charmant asile,
Et chaque objet irrite ma douleur :
Jamais, Seigneur, un pécheur n'est tranquille,
Si vous n'avez l'empire de son cœur.

Tout suit ici le cours de la nature,
Tout obéit à votre aimable voix :
Je suis, hélas! la seule créature
Qui ne suit point vos adorables lois.

Le clair ruisseau dont l'onde coule et passe,
Suit le chemin que le Ciel a tracé;
Mais le chemin que votre loi me trace
N'est que trop tôt de mon cœur effacé.

Tel, jusqu'au bout, qu'il fut dès sa naissance,
Un lis charmant conserve sa blancheur;
Et je perdis, hélas! mon innocence,
Dès que je fus le maître de mon cœur.

Le papillon, ami du badinage,
Sans s'arrêter, voltige autour des fleurs;
Je fus jadis du moins aussi volage,
Et mon erreur est plus digne de pleurs.

Jamais des fleurs la beauté peu durable
Ne dut fixer son vol et ses erreurs;
Mais vous, Seigneur, beauté toujours aimable,
Je vous devois d'éternelles ardeurs.

Tendres oiseaux, par votre doux ramage,
Vous bénissez le Dieu qui vous a faits;
Et moi, qui suis, comme vous, son ouvrage,
Ai-je jamais célébré ses bienfais?

Astres brillans, en éclairant la terre,
Vous annoncez sa gloire et sa splendeur;
Et moi, malgré sa foudre et son tonnerre,
Par mes mépris j'insulte à sa grandeur.

Dans les beaux jours de ma plus tendre enfance,
Je fus, zéphirs, inconstant comme vous,
Ou si mon cœur se piqua de constance,
Ce fut toujours pour braver son courroux.

Pourquoi, Seigneur, de vos faveurs insignes
Accablez-vous les mortels ici-bas ?
De vos faveurs les mortels sont indignes,
Vos plus grands soins font de plus grands ingrats.

Plaisirs trompeurs, que vous causez d'alarmes !
Que vous coûtez de pleurs et de soupirs !
Mon foible cœur, détrompé de vos charmes,
Ne peut former que d'innocens désirs.

Fidèle écho, je t'interromps encore,
Mais ce n'est plus pour de folles amours :
Redis cent fois que le Dieu que j'adore
Mérite seul qu'on l'adore toujours.

Sur l'Eucharistie.

Air N° 81.

Quoi ! dans les temples de la terre
Le Dieu du ciel daigne habiter !
Le puissant maître du tonnerre
Sur nos autels veut résider !
Quel respect sa sainte présence
Doit inspirer à nos esprits !
Et de quel amour sa clémence
Doit remplir nos cœurs attendris !   (*bis.*)

Dans ton sein, sacré tabernacle,
J'aperçois, plus qu'en aucun lieu,
Eclater l'étonnant miracle
De la tendresse de mon Dieu.
Pour garder mon âme fragile
Des traits d'un monde séducteur,
Près de toi je prends mon asile,
Aux pieds de Jésus mon sauveur.   (*bis.*)

Vers ce refuge salutaire,
Porté sur l'aile de l'amour,
Comme la colombe légère,
Je prendrai mon vol chaque jour.
Caché dans cette solitude,
Je ferai la cour à mon Roi;
Nul autre soin, nulle autre étude
N'auront autant d'attrait pour moi.   (*bis.*)

Tel qu'un enfant près de son père,
Je m'épancherai dans son sein;
Je découvrirai ma misère
A ce tout-puissant médecin.
Puisse jusqu'à **ma** dernière heure
Durer ce saint ravissement;
Puissé-je dans cette demeure
Attendre mon dernier moment!   (*bis.*)

Sur le saint sacrifice de la Messe.

Air nouveau. N° 49.

Quel spectacle nouveau, quel espoir ravissant
A mes yeux attendris ce saint autel présente!
Mon Dieu, tu vois nos cœurs dans une vive attente;
Viens du ciel couronner le vœu le plus ardent.

Ah! nous désirons tous ce prix de ton amour;
De ce don précieux, chef-d'œuvre de tendresse,
Près de mourir pour nous, tu nous fis la promesse,
Et depuis tu remplis ce serment chaque jour.

Saint ministre, à l'autel tu me peins le Sauveur
A son Père en courroux s'offrant en sacrifice;
L'autel, comme la croix, va nous être propice;
Qui peut donc refuser ses larmes et son cœur?

Enfans du Roi des rois, si tendrement aimés,
Elevons vers Sion nos yeux baignés de larmes:
Disons: Descends vers nous, ô Dieu si plein de charmes,
De toi seul, tu le sais, nos cœurs sont affamés.

Pénétrons nos esprits d'un saint recueillement :
Le ciel vient de s'ouvrir, et Jésus va paroître :
Raison, foible raison, soumise à ton bon maître,
Reconnois sa grandeur dans son abaissement.

Cessons de soupirer ! l'Agneau rempli d'appas,
Du grand Juge envers nous calme encor la colère :
Son sang coule pour nous, et nous rend notre père :
Quel amour, quel retour ne lui devons-nous pas !

Jésus, consume-nous de ces aimables feux
Qui pénétrent tes saints au séjour de la gloire,
Remporte sur nos cœurs une pleine victoire :
A jamais règne en nous, et tes fils sont heureux

Sur la Communion.

Air : *Hélas! quelle douleur!*

GRAND Dieu! quelle faveur !
     Oui, le bonheur
  Fait couler mes larmes;
Grand Dieu! quelle faveur !
     Oui, le bonheur
  Enivre mon cœur.
        Non, jamais,
  Si loin des alarmes,
        L'humble paix
  N'offrit tant de charmes.
Grand Dieu ! je suis heureux,
     Le Roi des Cieux
  A comblé mes vœux.

Vous seul, céleste pain
     Du cœur humain
  La force et la vie;
Vous seul, céleste pain,
     Du cœur humain
  Apaisez la faim.

Désormais
Mon âme ravie,
D'autres mets
N'aura plus envie;
Vous seul, soyez toujours,
Pain des amours,
Le mien tous les jours.

Jésus, Dieu tout-puissant,
Moi, vil néant,
Ah! devois-je attendre,
Jésus, Dieu tout-puissant,
Moi, vil néant,
Un honneur si grand!
O mon Roi!
L'amour le plus tendre,
Jusqu'à moi
Vous a fait descendre :
Jésus, fais qu'à son tour,
Mon cœur, d'amour,
Brûle nuit et jour.

Non, non, quand l'Éternel
Descend du ciel
En ce jour prospère;
Non, non, quand l'Eternel
Descend du ciel
Dans un cœur mortel,
Il n'est plus
De biens sur la terre,
Que Jésus
Qui puisse lui plaire :
Non, non, plus de désir,
Plus de plaisir
Qu'à son souvenir.

Comment, dans ce beau jour,
O Dieu d'amour!
Pour ce don suprême,

Comment, dans ce beau jour,
  O Dieu d'amour,
  User de retour?
    Je n'ai rien
  Qu'indigence extrême,
    Tout mon bien,
  Hélas! c'est moi-même :
Comment, Dieu tout puissant,
  Puis-je en présent
  Offrir mon néant!

Et vous, à qui mon cœur
  Doit la faveur,
  O Vierge chérie;
Et vous, à qui mon cœur
  Doit la faveur
  Qui fait mon bonheur;
    Ah! pour moi
  Rendez, ô Marie,
    A mon roi
  Grâces pour la vie;
Et vous, de quel retour
  Pourrai-je un jour
Payer votre amour?

Beautés de la nature.

Air : *Je l'ai planté*, etc. N° 27.

Heureux séjour de l'innocence,
Ruisseaux, vallons délicieux,
Chantons celui dont la puissance
Forma ces agréables lieux.   (*bis.*)

Il fait naître cette verdure,
Il l'embellit de mille fleurs;
Mais s'il pare ainsi la nature,
Ce n'est que pour gagner nos cœurs.   (*bis.*)

Dans cette aimable solitude,
Où tout semble fait pour charmer,
Je le sers sans inquiétude,
Et ne m'occupe qu'à l'aimer.   *(bis.)*

L'astre brillant qui nous éclaire
Nourrit et ranime les fleurs;
Ainsi sa grâce salutaire
Echauffe et ranime nos cœurs.   *(bis.)*

Un lis brille sur ce rivage
Par son éclatante blancheur :
Heureux si ce lis est l'image
De la pureté de mon cœur !   *(bis.)*

Oiseaux, dont les chants pleins de charmes
Forment les plus tendres accens,
Je vous entendrai sans alarmes;
Tous vos concerts sont innocens.   *(bis.)*

Ruisseau, si je grossis ton onde,
Si j'y mêle souvent mes pleurs,
C'est que ta course vagabonde
Me fait songer à mes erreurs.   *(bis.)*

Cette abeille pique, et s'envole
En laissant l'aiguillon vengeur.
Ainsi passe un plaisir frivole;
Il n'en reste que la douleur.   *(bis.)*

Paissez, agneaux, dans la prairie,
Et bénissez le bon pasteur :
Qu'on est paisible dans la vie
Lorsque l'on a votre douceur !   *(bis.)*